ROUND 1
歐洲篇
國家是怎樣煉成的
三分鐘看懂漫畫世界史
賽雷/著

【推薦序】

# 從三國的帝國崛起看世界

《非普通三國：寫給年輕人看的三國史》作者　**普通人**

在推薦《國家是怎樣煉成的》之前，請先讓我稍微聊聊我所熟悉的三國。

三國時代經由無數的二次創作推波助瀾，成為最被大眾所認識的中國歷史，然而在悠悠的歷史長河之中，三國只不過是在大一統的東漢帝國走向魏晉南北朝大分裂之前的一段過渡期。在這短暫且激烈的時代，從各地蜂起的群雄割據，漸漸整併成曹魏、蜀漢、孫吳三個帝國鼎足天下。

魏、蜀、吳三國的形成原因，各有各的機緣巧合。曹魏先以過去東漢帝國的權威做為號召，再以帶有神祕色彩的「天命」之說，進行以魏代漢的政權更替；蜀漢則是將目標訂為「復興漢室」，立志重返昔日漢帝國的榮耀；孫吳仰賴的則是家族長期經營爭取認同，再效仿曹魏用虛無飄渺的天命論，強調自身政權存在的正當性。

由於不同的理念、不同的環境、不同的際遇，因而造就出截然不同的國家性格。短短不到百年的三國時代就已經有著如此差異，更遑論若將視野放大到整個人類歷史，那更是千變萬化，不可窮極。

18

《國家是怎樣煉成的》這套書，正是將其中的精彩與奧妙呈現給各位讀者。作者賽雷老師總共挑選二十五個至今存在的國家，以最簡明扼要、生動有趣的方式來訴說他們為何而生、未來何去何從的故事。

讀完《國家是怎樣煉成的》後，令我想起二〇〇六年中國中央電視臺製作了一套紀錄片《大國崛起》。節目裡頭介紹九個自人類地理大發現後至今，陸續在世界引領風騷的國家。然而《大國崛起》的製作邏輯基於對「中國夢」的期待，依舊著重在傳統認知到在軍事、經濟、政治制度上積極影響世界的那種強大。

《國家是怎樣煉成的》全套三冊所介紹的二十五個國家，也同樣是當今世界上的「大國」，但《國家是怎樣煉成的》詮釋下的大國，卻是可以分成很多層次的。

有挾帶著古文明光輝，今日力圖重返榮耀的大國；有因人類技術飛躍進步應運而生，至今仍發揮相當影響力的大國；有曾經興盛，但現在前途迷茫的大國；有從原先只是殖民地，獨立後慢慢走出一條康莊大道的大國；有現實條件上諸多限制，但憑藉各種科技與制度的精進，另外殺出重圍的大國。

既然國家的誕生緣由各有不同，那麼國家的強盛當然也會有多元的形式。你使你的屠龍刀，我耍我的打狗棒，大家百花爭豔、各有巧妙。這是身為生長在臺灣的我，在《國家是怎樣煉成的》這套書中得到的最大收穫。

當然若沒有什麼太多考慮，只是單純抱著求知的心情，快速輕鬆地認識各個國家的歷史發展軌跡的話，《國家是怎樣煉成的》會是一個非常好的選擇。

# 一趟深入淺出的歷史巡禮

鄉民推爆網路人氣說書人　**黑貓老師**

常常有網友會來問我：「老師，有沒有推薦給新手的入門歷史書呢？」

這種信裡面的「新手」有兩種可能：第一種是指這個人雖然有在看書，但之前沒看過歷史題材的書；第二種則是指平常就沒什麼閱讀習慣的人。

對於這兩種人，我的書單是完全不一樣的。

為什麼不一樣呢？

老實說，歷史題材的書，內容深度可輕可重，輕一點的可以讓人像是在讀故事書，敘述節奏輕快又精彩，讓人一頁接一頁地看，看完一個章節就可以讓讀者約略了解一個歷史事件的來龍去脈，以及它對人類、國家造成的影響。

但是也有些歷史書非常硬派，一整本幾千頁的內容都只對你聊一件事，鉅細靡遺地把所有從歷史文件中挖出來的資料全部整理給讀者，像這種充滿大量資訊與考據的歷史書，如果讀者不是深度歷史迷、軍武迷，沒有大量閱讀過相關主題的話，往往根本看不完整本書，買了就是放進書櫃做收藏，哪天在網路上發文章或和人筆戰的時候才會拿出來找資料。

對於現代人來說，錢有限、時間有限；對於一個愛書人來說，書櫃的空間也有限。

所以買書也要認真挑選自己喜歡、適合的書，「要買哪一本書」這件事本身就是一件需要認真做功課的事。

於是我們回到一開始的問題：「老師，有沒有推薦給新手的入門歷史書呢？」

這套《國家是怎樣煉成的：三分鐘看懂漫畫世界史》就是答案了。

市面上歷史普及的書愈來愈多，但這一套特別不一樣。它不但深入淺出，更有著大量幫助讀者理解的插圖與漫畫，將許多國家建國與發展的歷史利用擬人的方式整理成懶人包，敘事手法幽默，人物可愛逗趣，讓這套史普書不但好看，讀起來毫不拖泥帶水，一頁接著一頁停不下來，就像是在看電影似的，完全沒有讀其他歷史書時容易出現的煩悶感。

看完這套書，就可以了解現在世界各個國家是怎麼從零到有，建國時有什麼樣的心路歷程，最後又是怎麼樣發展到現在的規模。探索這些過程往往充滿驚奇，你會發現，就算是大如美國的世界霸主，都曾經只是小小的殖民地，有著弱小的曾經，有著跌跌撞撞的過去，甚至還有許多國家是陰錯陽差登入世界舞臺的呢！

大部分新聞上會出現的國家，這套都有，三分鐘一個，全套書有二十五國，從此以後，不論在什麼場合看到國際新聞，信手拈來就是一段精彩又爆笑的歷史故事，馬上讓你營造出博學多聞的氣場，從頭到腳都噴出芬芳的文藝氣質，成為眾人欽佩的知識分子。

總而言之，《國家是怎樣煉成的：三分鐘看懂漫畫世界史》是一套適合任何人的歷史普及書，對於剛剛開始想要了解歷史的新手、對於喜歡快速有效地獲取知識的現代人來說，更是一套不可多得的好書，別猶豫了，快帶一套回家。

開講啦

# 前言

冰島居然敢和曾經的地表第一強國英國打三次「鱈魚戰爭」？挪威的鈔票上居然有鹹魚？享有「日不落帝國」之名的英國為什麼日落了呢？「藍牙」這個字居然和丹麥的歷史有關？號稱自由國度的荷蘭居然屠殺過很多臺灣原住民？比利時被一泡童子尿救了回來？地表最危險的男人之一希特勒曾經被視為天使？波蘭和立陶宛居然公然放閃？撲克牌紅桃K的原型是法國的查理曼大帝？人生贏家瑞士很會賺外快？義大利在羅馬時期還把地中海當成私人游泳池……

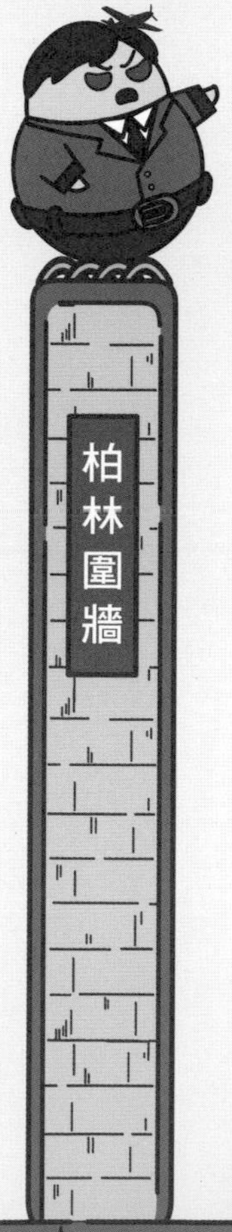
柏林圍牆

微信百萬粉絲作者、知乎十萬粉絲大V「賽雷三分鐘」，用生動幽默的漫畫帶給大家最爆笑易懂的歷史故事。本系列涵蓋世界各國從古至今的發展史，讓你在歡笑聲中，輕輕鬆鬆熟悉國家的起源，是你了解世界歷史的不二選擇。

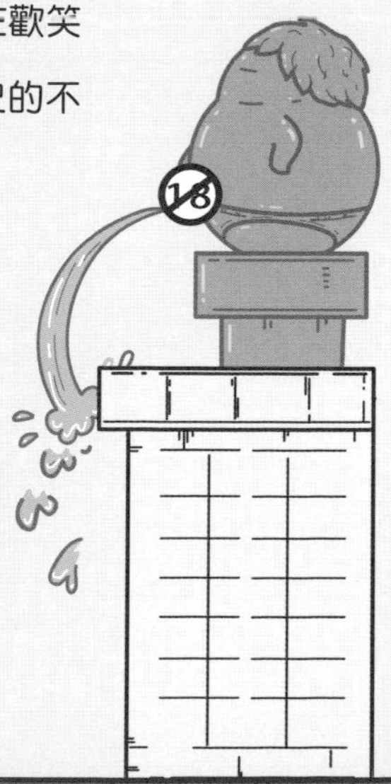
18

羅馬

# 目錄
CONTENTS

鐵血

# 1

# 冰島

# Iceland

說到「日不落帝國」，大家馬上就能想起英國，他曾是地表第一強國，殖民地遍布天下，全世界大多數國家，歷史上都挨過他揍。

拳頭硬不硬，
吃了才知道！

就算走了幾十年下坡路，現在的英國，也不是一般人惹得起的。大國都不敢隨便逗他，更別說那些小國了。

大哥！你要為我們做主啊！
等……等我感冒
好了就去！

但凡事總有例外，英國家門口有一個眼中釘。他的人口才三十萬出頭，卻敢三次向英國開戰，而且每次都讓英國吃鱉。

晚清時有四億人口的中國，都被英國人打敗，靠著區區三十萬人，居然能把英國的臉打腫？是何人如此之強大？

抗英

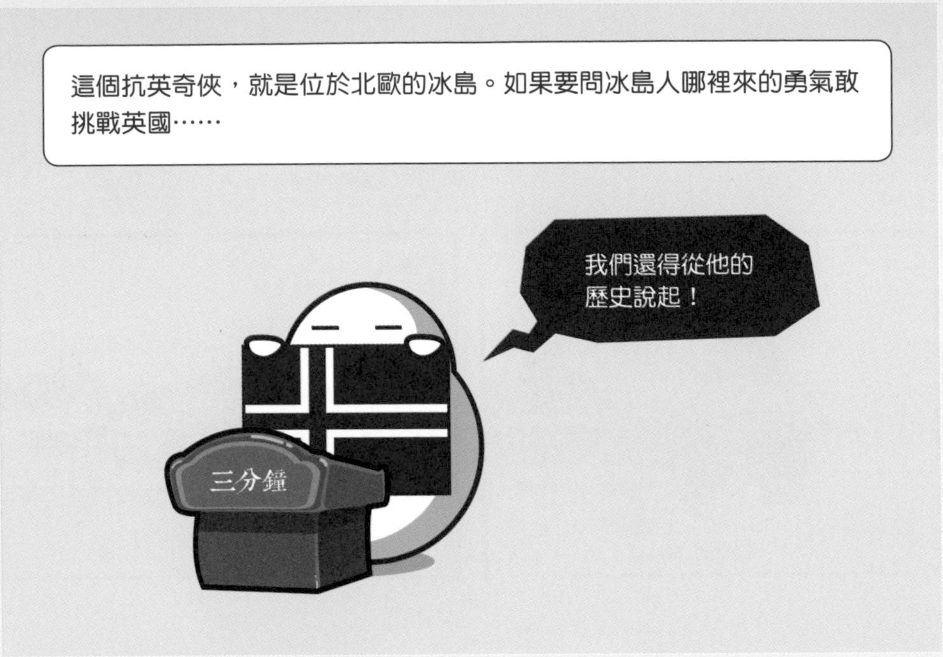
這個抗英奇俠，就是位於北歐的冰島。如果要問冰島人哪裡來的勇氣敢挑戰英國……
我們還得從他的歷史說起！
三分鐘

成為抗英奇俠的幾千年前，冰島孤零零漂在北大西洋上，離歐洲大陸非常遠，島上一開始是沒人住的，只有一群海鳥在那兒嘰嘰喳喳。
嘎！嘎！嘎！

西元前四世紀時，因為一些水手在海上迷路，陰錯陽差漂到冰島，歐洲人才知道這裡還有塊沒開發的荒地。

兄弟們，我們終於回到家了！
可是大哥，為什麼我們家看起來不太對勁？
啊！我們離開太久，世界都變了嗎？

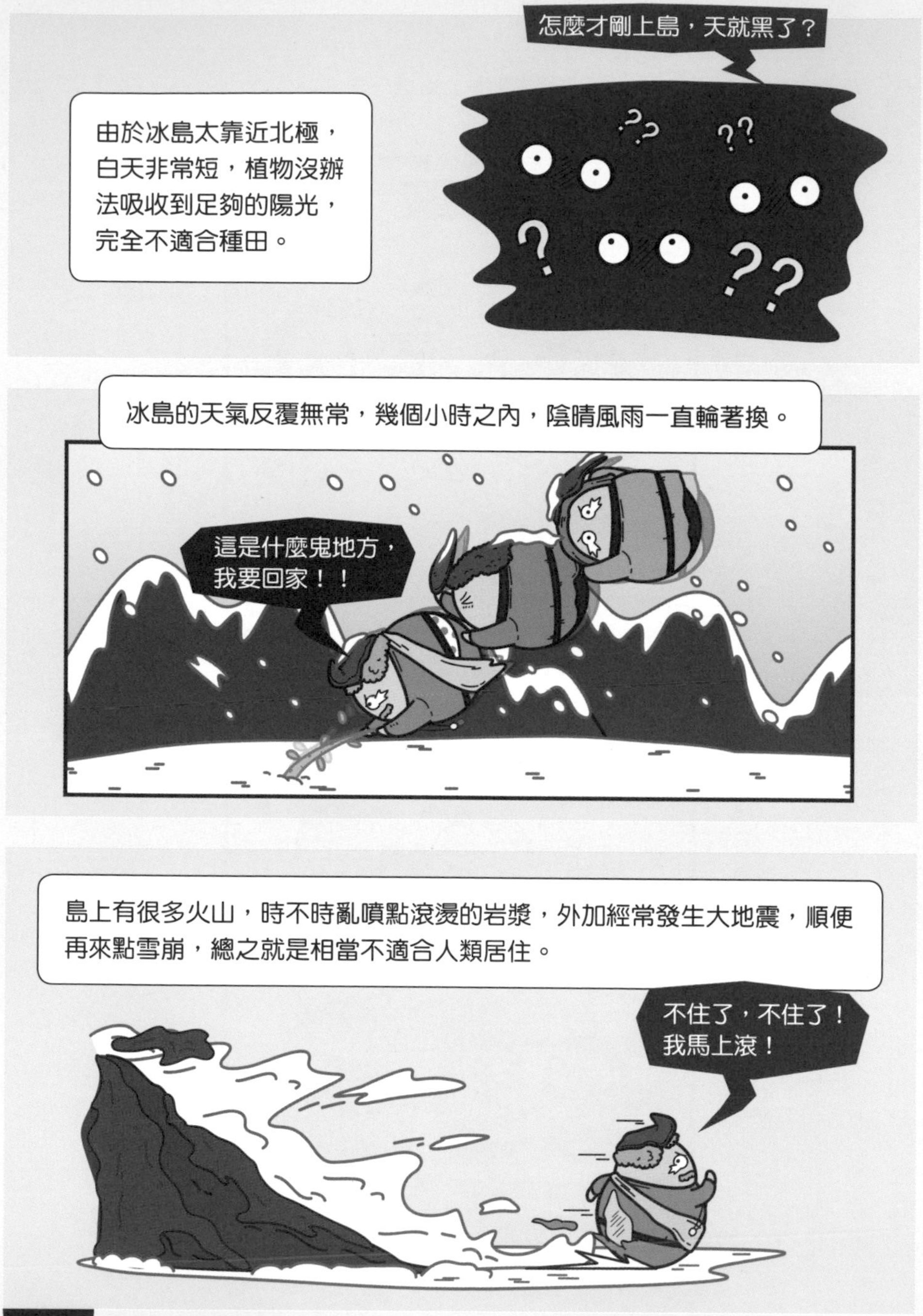
由於冰島太靠近北極，白天非常短，植物沒辦法吸收到足夠的陽光，完全不適合種田。
怎麼才剛上島，天就黑了？
冰島的天氣反覆無常，幾個小時之內，陰晴風雨一直輪著換。
這是什麼鬼地方，我要回家！！
島上有很多火山，時不時亂噴點滾燙的岩漿，外加經常發生大地震，順便再來點雪崩，總之就是相當不適合人類居住。
不住了，不住了！我馬上滾！

所以冰島被發現後，根本沒人過去定居，只有一些喜歡自虐的苦行僧，會跑到島上挑戰極限。
但他們大多受不了冰島的惡劣條件，沒幾天就捲鋪蓋閃人了。

我當初一定是腦筋秀逗了，才會選擇來這裡！

直到西元八七四年，一位叫殷格・亞納遜的挪威人，因為犯罪而遭人追殺，就帶著家人逃難到冰島，他們便是冰島的第一批永久居民。

老婆！以後我們就住在這破爛地方，肯定不會有人發現！

他們搭了幾間「海景房」，利用海岸邊的草地養些牛羊，平時再去海裡撈點魚，勉勉強強能過日子，就這麼一代代繁衍下去。

總比回去坐牢好。

亞納遜家族站穩腳跟後，又來了很多新移民，但大部分都是通緝犯，比如從丹麥、挪威來的北歐海盜，還有逃亡的奴隸……

兄弟，我們上去後就翻身啦！

回去肯定被殺，也只能硬著
頭皮和惡劣的環境抗爭了！
三分鐘

不過想想也挺正常，
要不是走投無路……
誰願意到冰島這破地
方住？

但這冰島狂野得很，不願意被他們馴服，地震、雪崩輪番上陣，有時候
還有火山爆發，連著七、八個月向外噴毒氣和岩漿。
短短的幾百年裡，冰島人口本來就不多，好幾次因為自然災害而銳減，
一度走到滅團的邊緣。

於是，冰島人只好向鄰
近國家求援，希望他們
支援糧食、日用品。

冰島先臣服於挪威，後
來又當了丹麥的小弟。

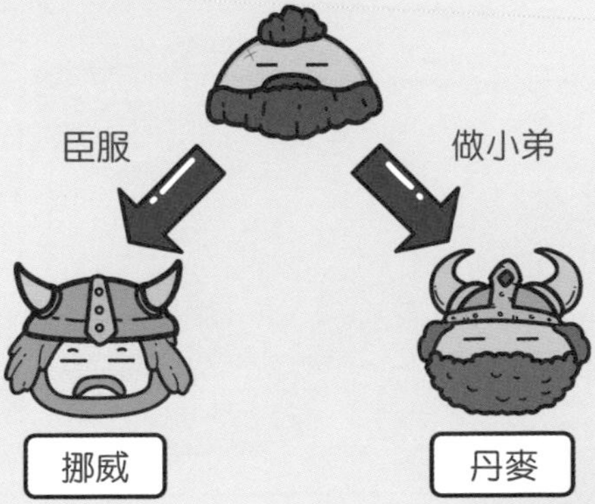
臣服
做小弟
挪威
丹麥

結果丹麥是個黑心商人，壓根兒沒想著照顧這幫冰島野人，反而高價賣東西給他們，準備一口氣榨乾冰島。

這些就當給大哥
我的見面禮吧！

可能是海盜祖先們留下的剽悍基因覺醒了。

冰島人面對各種天災人禍，並沒有逃離這個地方……

而是選擇留下抗爭到底！
三分鐘

於是冰島人就陷入無限輪迴中，養牛羊受災死掉，災難過去接著養；賺點小錢就被奸商坑走，接著再從頭開始賺。

不是說泡溫泉嗎？
怎麼變成燒烤了！
這肉都全熟了，
還好意思收錢？

幾百年又過去了，別人都已經吃香喝辣，冰島還是歐洲最窮的國家之一，但皇天不負苦心人……

又只夠今天吃的，
再多就裝不下了。

在二十世紀初，冰島人終於熬到翻身之日！

當時已經出現機械化的大漁船，捕魚的效率很高。

冰島人以前都是坐小木船出海，每次只能撈那麼一丁點。

所以他們只知道家門口的海裡有魚，但不知道究竟有多少，用大漁船一撈就瞬間嚇傻了，隨便撒個網就能撈幾噸魚。

這是什麼大玩意？
哇啊啊啊！！！

原來冰島附近有洋流交會，海裡比較溫暖，很適合魚類繁衍。

這裡生活著一百六十多種魚，其中三十多種是可以吃的。

哇，沒想到我家下面
藏著這麼多魚魚！

冰島人大呼「老天開眼」，趕緊掏出全部家底去買大漁船，組隊到海上撒網，撈上來的魚不僅夠自己吃，還能留一大堆賣到外國換錢。
一條吃，一條賣，一條用來放生！我是最幸福的人！

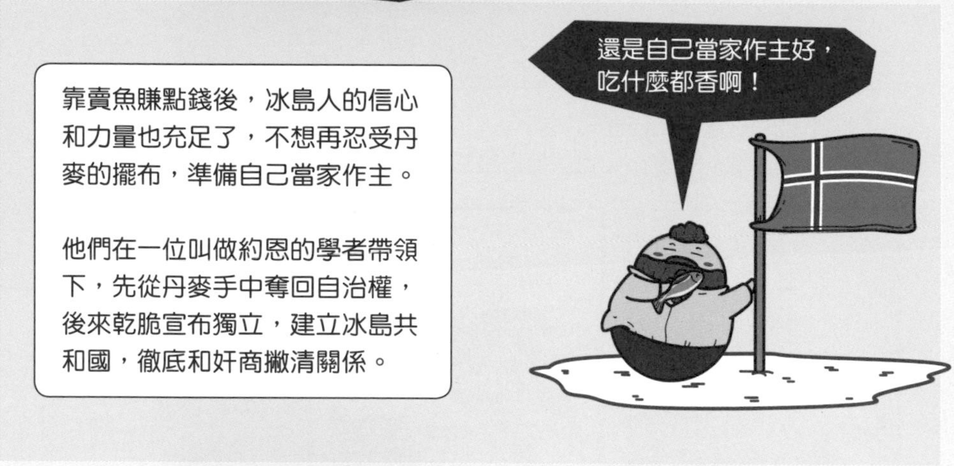
靠賣魚賺點錢後，冰島人的信心和力量也充足了，不想再忍受丹麥的擺布，準備自己當家作主。
他們在一位叫做約恩的學者帶領下，先從丹麥手中奪回自治權，後來乾脆宣布獨立，建立冰島共和國，徹底和奸商撇清關係。
還是自己當家作主好，吃什麼都香啊！

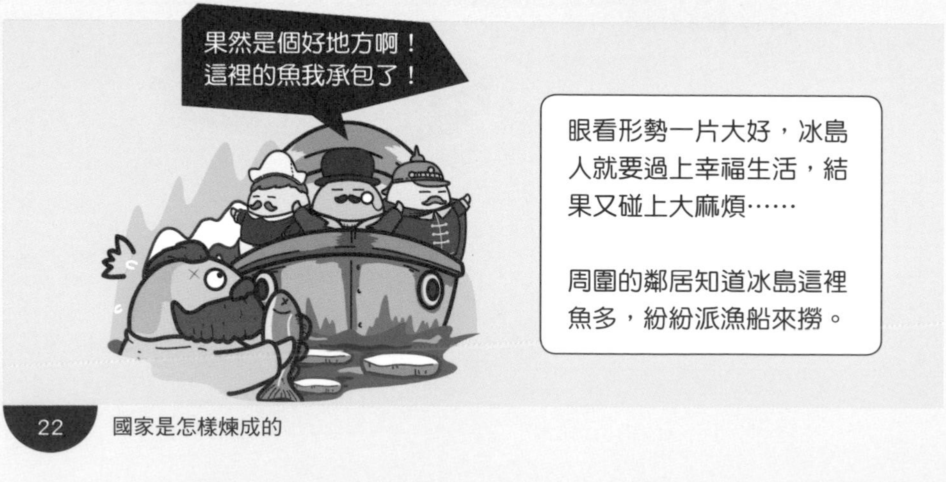
果然是個好地方啊！這裡的魚我承包了！
眼看形勢一片大好，冰島人就要過上幸福生活，結果又碰上大麻煩……
周圍的鄰居知道冰島這裡魚多，紛紛派漁船來撈。

冰島人擔心這幫人下手太猛，把自己家門口的魚全部撈光了，於是就在一九五八年宣布，冰島周圍十二海里的區域內，不許外國人捕魚。

方圓幾里，見誰打誰！

其他國家看到冰島生氣，就把漁船給喊走了。
唯獨英國船不走，因為英國人非常愛吃鱈魚，但又很摳門，捨不得掏錢從冰島人手裡買。

你讓我走我就走？
多沒面子啊！

如果英國漁船不走，其他國家的船也會回來。

遲早把冰島的魚撈光，到時候冰島人又要去過窮日子了。

你說他們能答應嗎？
三分鐘

英國知道冰島人會不爽，就派出軍艦保護自家漁船，當時英國海軍是全球第二強，有大大小小幾百艘戰艦。
而冰島這邊，因為人口還不到三十萬，而且一路走來始終很窮，所以壓根兒就沒組織海軍，只有幾艘海警巡邏船，給英軍塞牙縫都不夠。
我這一炮下去，你可能會死，知不知道？

但冰島人覺得，我們的祖先是海盜，而且這麼多年來，各種大大小小的天災都沒把我們整死，難道現在還怕你英國人不成？
我這一魚叉過去，你不僅會死，還會串成一串！

於是他們把幾艘巡邏船都派了出去，漁船上還裝上土炮，遇到英國漁船就發射，「鱈魚戰爭」就此爆發。

ROUND 1

但冰島人並不是蠻勇！
他們把炮彈都打在英國漁船的周圍，因為他們不想打死人，只是純粹想干擾捕魚。

我可是捕魚達人哦！

他們還發明一種可以切斷漁網的特殊工具，讓你不僅撈不到魚，還要連漁網一起賠進去，要知道一張漁網也要五千美金呢！

你打我就打我，動我漁網做什麼！！

那碰見英國軍艦怎麼辦呢？冰島人就一個字：「撞」。反正我們都是小破船，肯定沒英國軍艦身價高，就算同歸於盡都是賺到。

哈囉！你又來捕魚啊！

被耍了幾次流氓後，英國人終於忍無可忍，準備幾炮把冰島破船都送進海底。這時英國的鐵桿盟友美國突然插嘴了。

別打了，別打了，
給我美某人一個面子！

當時美國為了和蘇聯爭霸，在全球到處收小弟，冰島也是其中一個，鐵哥們看自己的小弟不爽，傳出去很沒面子。

美國要求英國收手，把軍艦、漁船都開走。英國雖然強，但是看到美國還是有點虛，只能老老實實撤退。

冰島人嘗到甜頭後，開始得了便宜還賣乖。
他們在一九七一年宣布，冰島周圍五十海里的區域都不准外國人捕魚。
四年之後，乾脆把這個範圍擴大到二百海里。

以前的太小了，近視看不見，圈個大的吧！

冰島因為這事又和英國打了兩次鱈魚戰爭，重頭戲還是割漁網、撞船。

能不能換點花樣！
氣死我了！

最後結果也差不多，英國迫於美國壓力，猶豫半天不敢下殺手，張牙舞爪了幾回，還是乖乖撤走。
經過這三次折騰後，英國再也不敢招惹冰島，只能說鱈魚有各種缺陷，鼓勵老百姓吃其他魚，堪稱精神勝利法。

鱈魚很臭、很噁心、很難吃……
這樣才對嘛！兄弟。

而冰島人雖然保住了自己的魚，但他們也意識到，不能光靠撈魚過日子。萬一哪天又被搶了呢？他們拿著賣魚賺的家底，開了幾家大銀行，準備靠金融賺錢。
今天起做個文明人。

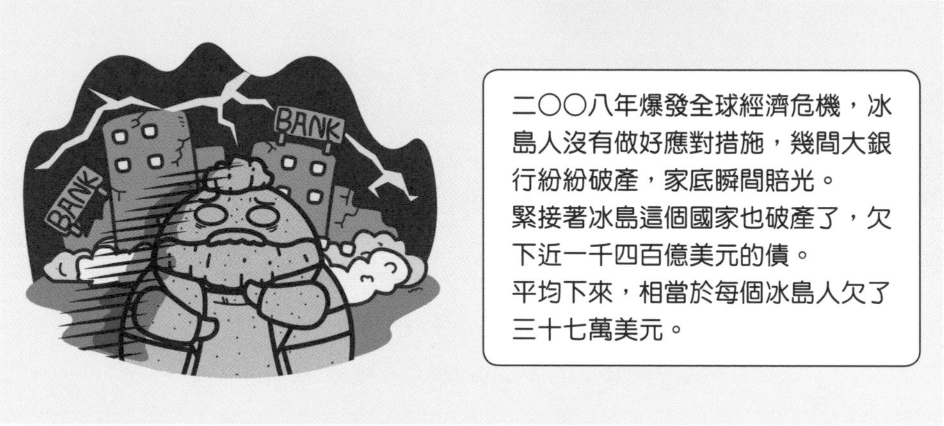
BANK
BANK
二〇〇八年爆發全球經濟危機，冰島人沒有做好應對措施，幾間大銀行紛紛破產，家底瞬間賠光。
緊接著冰島這個國家也破產了，欠下近一千四百億美元的債。
平均下來，相當於每個冰島人欠了三十七萬美元。

這要是發生在其他國家，估計全國上下都跳樓了。但冰島人沒有哭鬧，勒緊褲腰帶幹活去，又從頭開始賺錢。
綁緊點就不會餓了！

雖然時至今日，冰島都無法從打擊中完全恢復過來，經濟依然不太景氣，但根據聯合國二〇一五年的調查，冰島居然是全球最快樂的國家之一，其他組織調查的世界幸福指數排名，冰島也是名列前茅。

GDP走勢圖
吃飽、喝好，想那麼多幹嘛呢？

其實想想也不意外，歷史上各種恐怖的自然災害，都沒能擊垮冰島人，現在只是經濟不景氣而已，又不會要人命，早晚都會過去的。

有沒有錢和快不快樂是兩回事！

冰島篇・完

# 2

# 挪威 Norway

不知從什麼時候開始，「鹹魚」靠著魔性的表情和詭異的眼神，成了當家「網紅」。
大家每次自嘲的時候，總要來一句「我差不多是條鹹魚了」，要不然就是「好想當條鹹魚」。
做鹹魚，挺好！

不過誰也沒想到，千里之外的挪威……
居然在自家鈔票上印了一條碩大的鹹魚。
200
TO HUNDRE KRONER
200

挪威為什麼要把鈔票弄成這麼滑稽呢？
許多網友看到後都狂笑不止，覺得挪威人全都變成了鹹魚……這個國家已經沒有夢想了……
三分鐘

我們先來看看挪威的其他鈔票都印了什麼！五十元面額的是燈塔，一百和五百元面額的是帆船，千元面額印的是海浪。

100
HUNDRE KRONER
NORGES BANK
1000
TUSEN KRONER
50
FEMTI KRONER
500
FEM HUNDRE KRONER
NORGES BANK

再想想前面的鹹魚鈔票，大家有沒有發現，挪威鈔票上的東西——都和大海有關！

說海洋是挪威的親媽都不過分！
三分鐘

一個國家鈔票上的圖案，通常都是值得尊敬的人或物，挪威人印這套鈔票，其實就是在向大海致敬。
海洋對他們有多重要呢？

挪威地處歐洲的最北端，有塊國土都在北極圈裡了。
挪威境內有很多冰川，天氣最冷的時候，河裡的魚都會凍成冰棒。
這裡的地形也不友好，全是山峰和高原，所以大部分的土地都不適合耕種。

挪威人的祖先並不是一開始就在這裡挨凍，幾千年前他們和德國人是一家，早先住在西歐和中歐，後來才跑到北歐闖蕩。

天天喝啤酒沒意思，世界那麼大，我想去看看。

由於這裡環境不好，早期創業是很艱苦的。挪威人壓根兒無法耕種，只能獵點海豹，再撈點海魚，勉強填飽肚子。
ㄌㄩㄝ～來抓我呀！
我……為什麼要來這個地方……

條件稍微好一點的才能養幾隻牛羊，不過根據考古發現，當年挪威人都是和牛羊擠在一間房裡睡的。
別擠了！別擠了！再擠我要掉出去了！

一是因為窮，蓋不起更多房子；二是因為天氣寒冷，牛羊放在外面會被凍死，帶進屋裡還能用體溫幫房間加熱，相當於畜力空調了。

你們是凍不死了，但我死定了！

雖然家裡被牛羊熏得臭烘烘，但挪威的男人們居然還有興致享樂，他們建立了一夫多妻制。

古代又沒什麼避孕措施，所以就生出一大堆孩子，這些孩子都能平等分到一份家產。

我數數，要分成幾塊。

可是問題來了，挪威人本來就不富裕，這樣家產不就愈分愈少了嗎？出於濃濃的父愛，挪威男人決定二次創業，給兒子們多留點遺產。

是時候上路了！
孩子們！
記住，爸爸愛你們！

前面說了，挪威到處是冰川、山脈，確實沒什麼開發潛力。
於是挪威人就把目光投向了大海，他們乘著帆船出發，想看看大海盡頭有什麼寶藏。

挪威人的船一開始往西北方向航行，他們到達格陵蘭島，這是世界上最大的島嶼，不過天氣比挪威還差，沒什麼利用價值。

打擾了，溜了溜了。

挪威人沒有放棄，把航向轉往南方繼續開船。
這回運氣比較好，到達非常宜居的英國、法國。

看！又有人來了，
還好我們來得早！
趕緊躺好，告訴他此地有主了。

雖然來得太晚，這些地早被人占了，但挪威人覺得既然大老遠來一趟，也不好意思空手回去……那就搶劫一回吧！

兄弟，你來晚啦，請回吧！
嗯嗯。

回啥回呀！我是文明人，
不會要你們一分土地的。

再加上挪威人信仰的是北歐神話，認為戰死的人都會升上天國，所以壓根兒就不怕死，搶劫時都爭先恐後向前衝。

再過來我就一刀砍死你！

什麼？你能送我去天國？

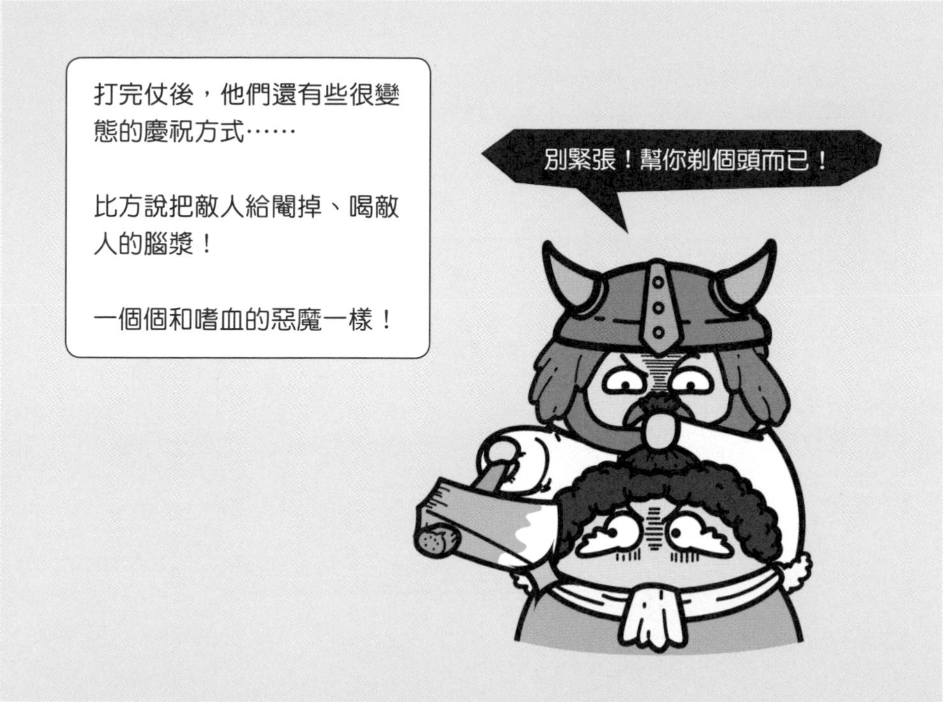
打完仗後，他們還有些很變態的慶祝方式……
比方說把敵人給閹掉、喝敵人的腦漿！
一個個和嗜血的惡魔一樣！
別緊張！幫你剃個頭而已！

這樣鬧了幾次後，其他歐洲人一看到挪威人，都嚇得尿褲子，錢財、牲畜等都不要了，趕緊躲起來保命。
主人等等我！

偶爾有幾個被逼急的，拿起刀劍要和挪威人拚命，結果發現他們的船跑得飛快，一眨眼就從地平線上消失。

SEE YOU！

每次搶劫都能得手，讓挪威人意識到這是筆大生意，於是他們只留下婦女和小孩看家，其他人全部出去搶劫。

老公加油！
爸爸加油！

喜歡搶劫的還不只挪威一個，他的兩個鄰居丹麥和瑞典也積極參與，其他歐洲國家就把他們統稱為——維京人。

維京人
丹麥
瑞典
是鄰居就一起來搶劫吧！

西元八五一年時，維京人分乘三百多艘戰艦，從海上進入英國泰晤士河，沿河一路燒殺搶掠，最後還攻陷了倫敦。

老婆，妳的購物車我幫忙清空了！

幾年之後，他們又進攻巴黎，當地老百姓怕得要命，東拼西湊拿出了一．六噸白銀，送給維京人當保護費。

東西已經送出來了，就不勞煩大哥們進城搜了！

不僅如此，遠到東歐的俄羅斯，甚至非洲，都有維京人的足跡，總之就是哪裡有東西搶，維京人就去哪裡。

今晚九點準時來搶！
維京人 敬上

做為維京人的一支，挪威人自然也是賺翻了，抱著搶來的金銀過上好日子，連家務都交給拐來的奴隸做。

快點！快點！

雖然說靠走海路發了財，但常在水上漂，哪能不翻船。
一〇六六年，挪威人再次入侵英國，結果中了英國人的埋伏，幾乎全軍覆沒。

再回來就打爛你的屁股！

後來挪威又遭到黑死病入侵，能耕種的勞力都死光了。
倖存下來的人，不管是貴族還是奴隸，都只能從地裡刨點草根吃。

一定是我搶太多，遭報應了。

挪威人很擔心之前被他們搶劫的那幫人會趁機上門來報仇，於是就找上同為搶劫犯的丹麥和瑞典，來了個桃園三結義，合併成一個叫卡爾馬聯盟的新國家，抱團取暖。

卡爾馬大飯店
你們來得正是時候啊！組織需要你們！
嗯嗯！我一定不會辜負組織對我的信任！

可惜這三兄弟不怎麼團結，丹麥老是想當大哥，動不動就欺負挪威和瑞典，要他們出錢孝敬，不給就派兵打過去。

向你借點錢，半個月還不給我送來，
心裡壓根兒沒我這個大哥是不是？

挪威整天忙著防家賊，哪還有精力出去搶別人？只能把海盜船改成商船，老老實實做點正當生意。

哎……以前我沒得選，
現在我想做個好人。

雖說做生意賺的錢沒有搶劫來得快，但日子也還過得去。只可惜丹麥又惹事，非要拉著挪威去打仗，替法國的拿破崙撐腰。結果惹毛了拿破崙的敵人，他們把挪威海岸封鎖住，不管戰艦，還是商船、漁船，一艘都別想出海。

走，大哥帶你耍威風去！
想跑？
喂喂！你們回來救救我呀！

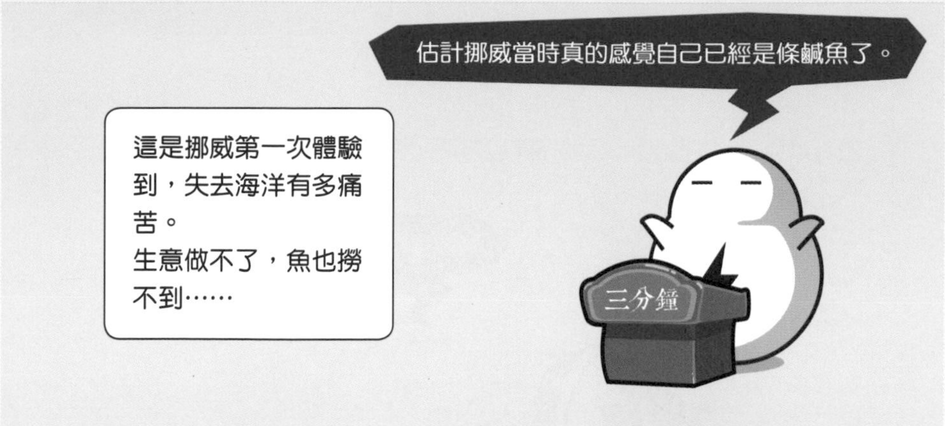
這是挪威第一次體驗到，失去海洋有多痛苦。
生意做不了，魚也撈不到……
估計挪威當時真的感覺自己已經是條鹹魚了。
三分鐘

因為沒辦法從海外運回糧食，在一八〇七到一八〇九這三年裡，挪威就有七萬多人活活餓死。
為了避免再出現這種情況，挪威決定不再跟著丹麥混了。
這種表面兄弟要來何用。

結果剛剛對丹麥喊出「恩斷義絕」，另一個兄弟瑞典又打過來，準備吞掉挪威……
從今天開始，我們絕交！
絕交
絕交
那就換我來劈死你！

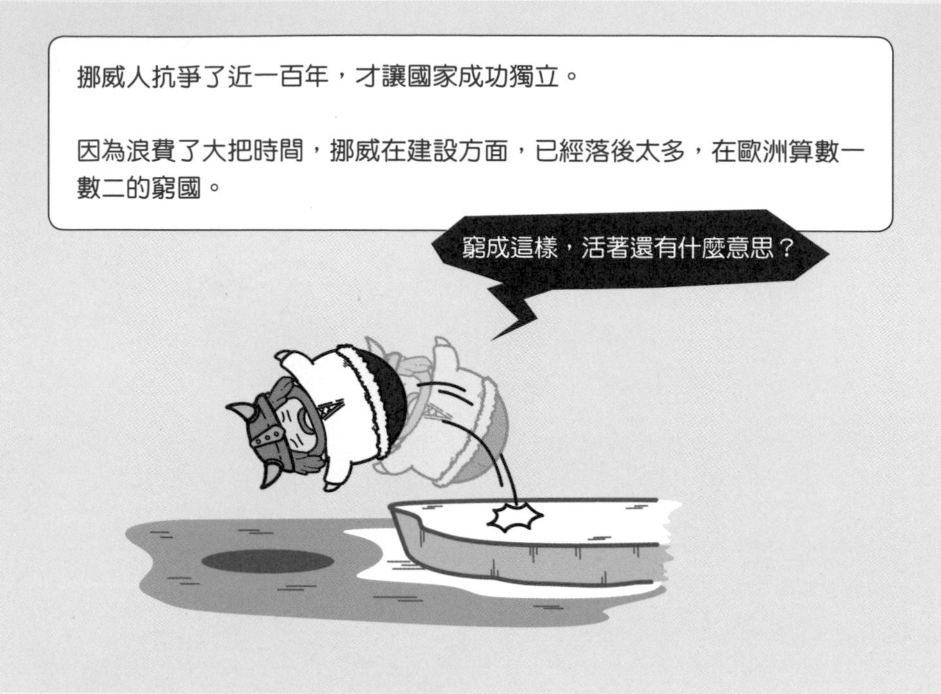
挪威人抗爭了近一百年，才讓國家成功獨立。
因為浪費了大把時間，挪威在建設方面，已經落後太多，在歐洲算數一數二的窮國。
窮成這樣，活著還有什麼意思？

就在挪威人一籌莫展的時候……大海又餵了他們一口！一九六九年，挪威近海發現了巨量的石油和天然氣，一躍成為世界第三大石油販子。
想死？我答應了嗎？

得到這筆意外之財，挪威人本可像中東富豪那樣揮霍，買一堆名車、珠寶，但他們想到之前的苦日子，還是決定精打細算省著花。
豬肉五十塊，青菜十五塊，胡蘿蔔十塊……

他們把大部分賣油的錢都拿去投資其他產業，比如建工廠、開銀行，這樣就能錢滾錢，還可以避免經濟太依賴石油。
BANK
我要穩穩的幸福。

剩下的部分都發福利給老百姓，教育方面就是投資重點，小孩可以享受十年免費教育，以後能更好地建設挪威。
少年強則挪威強！

如今挪威已經是全球有名的富國，人均GDP穩居世界前三，很多人都覺得，這得歸功於挪威人的遠見。
請問挪總對今天的成就有什麼感言嗎？
一般一般，世界第三！

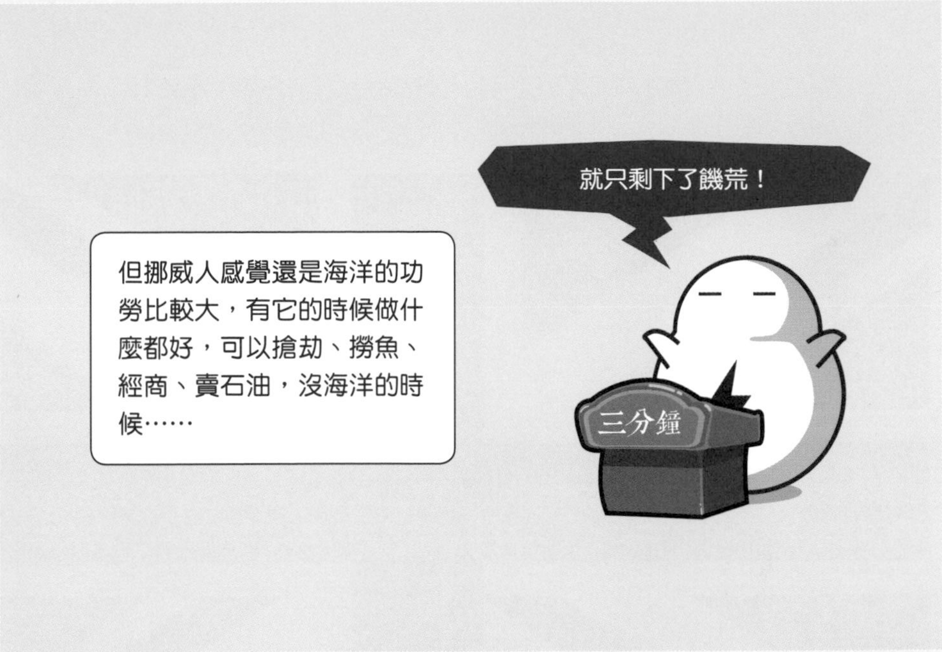
但挪威人感覺還是海洋的功勞比較大，有它的時候做什麼都好，可以搶劫、撈魚、經商、賣石油，沒海洋的時候……
就只剩下了饑荒！
三分鐘

於是挪威人就把和海洋有關的事物印在鈔票上，表達自己的感激之情。每次掏錢都會想到，這些財富是海洋的恩賜，這大概就是挪威人對海洋最好的致敬方式了吧！
挪威篇・完

# 3 英國 United Kingdom

現在當我們聽到英吉利、不列顛，還有英格蘭這些名詞的時候，都會聯想到英國，就這麼大一島國，哪來的這麼多名號呢？

英吉利
不列顛
英格蘭

這一集我們要講的英國簡史，就是來幫大家搞清楚這個問題。

其實英國國旗裡就隱藏著答案！
三分鐘

大家都知道英國是一個島國，其實最初就是一堆荒島，連島上的居民一開始都是從歐洲大陸過來的。

嘿！有人嗎？
你好！握握手！
我是歐洲過來的！

這些人不但帶來移民，還帶來了語言和文字，於是這塊島上的各個地方，開始有了名字。

留下一點線索和
我的愛。
到此一遊

比如有一群叫盎格魯的人，就把他們的領地叫做「盎格魯人的土地」，英語寫作「England」，翻譯過來就是英格蘭。

大哥，我們有隻鴨沒回來，
是不是被什麼人偷走了？
盎格魯
營地
不可能，這裡只有英格蘭
人，外人來就是找死。

移民者用這種很土的方式命名，於是又有了蘇格蘭、威爾斯和愛爾蘭。

HELLO，我們是你的新鄰居。
愛爾蘭
營地
盎格魯
營地
蘇格蘭
營地
你好，能順便幫我烤一下嗎？

所以英格蘭是屬於英國的一部分，而不是整個英國。
雖然這四個地方都只有巴掌大，但這些移民們卻在這裡建立了N個國家，日夜打架爭權。

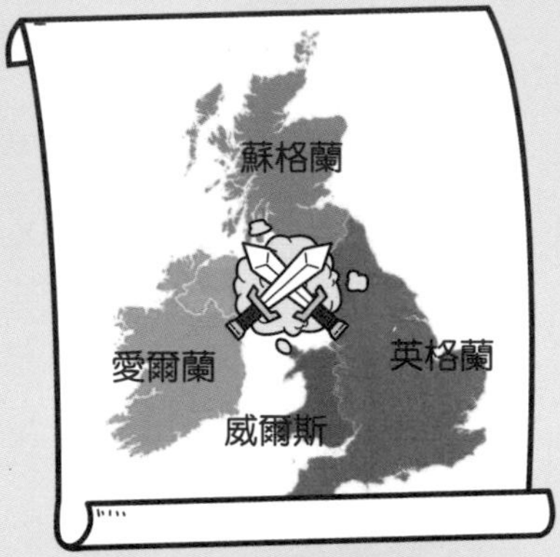
蘇格蘭
愛爾蘭
英格蘭
威爾斯

直到一個大英雄誕生，才讓這種局面有所改變，他就是著名的——阿佛烈大帝。
他雖然沒有完全統一英格蘭，卻讓其他國家甘拜下風，他還多次打敗了前來侵略的丹麥海盜。

從今以後，丹麥海盜
我見一次打一次！
你簡直就是我們的男神！

正所謂，前人種樹，後人乘涼。
西元九二七年，光榮者艾塞斯坦統一英格蘭，英格蘭王國終於成立。
與此同時，其他三個地區也都陸續出現國家。

英格蘭的國王一個接一個，
但是直到有一天……
一個叫「懺悔者愛德華」的
國王斷子絕孫了。
嗚嗚嗚！我要懺悔！
生不出兒子，我愧對祖先吶！

於是王位落到他老婆的
哥哥手上，沒有王室血
統就算了，竟然還是個
丹麥人！
懺悔個屁啊，我還要感謝你呢！
不然這皇位怎麼輪得到我手上！

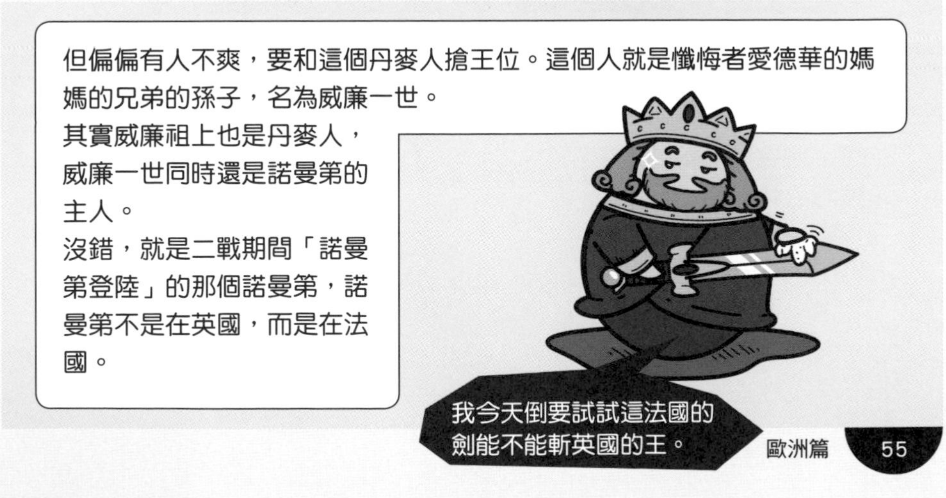
但偏偏有人不爽，要和這個丹麥人搶王位。這個人就是懺悔者愛德華的媽
媽的兄弟的孫子，名為威廉一世。
其實威廉祖上也是丹麥人，
威廉一世同時還是諾曼第的
主人。
沒錯，就是二戰期間「諾曼
第登陸」的那個諾曼第，諾
曼第不是在英國，而是在法
國。
我今天倒要試試這法國的
劍能不能斬英國的王。

諾曼第名義上是法國的諸侯國，但其實自由得很。可是威廉如果繼續只當諾曼第的領主，本質上也就只是一個大地主。

這山擋住我看日出了，鏟掉！
遵命！
哎，雖然在自己的領土上能為所欲為，但始終不是真正的一國之主啊……

如果拿下了英格蘭，成為真正的國王，才是真快活，所以威廉對英格蘭是志在必得。

那……那是……
我一直在尋找的自由啊！

於是威廉跨海出征，成功把對手打得滿地找牙，接手英格蘭王國。
這時是一〇六六年，史稱「諾曼征服」。

快！給我跪下唱《征服》！

威廉終於如願當上國王，替英格蘭帶來正經八百的王室文化。現代的英國王室也就是從這個時候開始算起的。

既然當上了國王，
就得注意形象了。
王室就該有王室的樣子嘛！

英國王室最初在英國和法國都有土地，簡直意氣風發、不可一世啊！可惜威廉的後人不爭氣，法國國王趁機搶回了諾曼第。

老婆，今天帶你回老家看看我祖先的法式莊園。
好啊，老早就想見識一下了呢！
大事不好啦！主人！您在老家的地被人搶啦！

搶就搶了，成王敗寇沒辦法，可是突然有一天，輪到法國國王生不出兒子，繼承權問題再度出現。

嗚嗚嗚……老婆，我把祖傳的地弄丟了，怎麼辦……
別擔心，告訴你個祕密，搶你地的那個人不孕不育。
嗯？老婆妳是怎麼知道的？
這個嘛……這個……

於是，英格蘭當時的國王又憑藉繞來繞去的親戚關係……
宣稱自己有法國國王繼承權。
沒錯！這就是當年威廉玩的那一套！
三分鐘

表面上是為了爭奪繼承權，其實就是想拿回英國在法國的土地而已。曠日持久的百年戰爭就此開打。
百年戰爭

可惜英國最後輸了，失去搶奪法國土地的機會，促使英國開始把目光轉移到海外殖民地的爭奪上。
我算什麼男人，算什麼男人。
親愛的別灰心，你打不過法國，難道還打不過那些土著嗎？
嗯？有道理喔！

但是要想搶殖民地，又必須面對另一個強大的對手，那就是海上霸主——西班牙。
聽說有人想和我們搶土著？

在當時，英國挑戰西班牙，簡直就是以卵擊石，英國也知道自己的海軍可能實力還不強……

做一個男人真的好難……
我怎麼就這麼沒用呢？
親愛的，我幫你介紹幾個猛男，你跟著他們學學吧！

要說在海上打架，那當然是天天打打殺殺的海盜厲害啊！於是英國王室與高層開始和海盜勾搭在一起，我出錢、你出力。

兄弟，以後就得靠你們了，這點心意你們就收下吧！
哥哥不必客氣，嫂子上次已經登門跪謝過我們了。

後來英國海軍和海盜居然合力打贏西班牙的無敵艦隊，破除了一個時代的神話，英國成為新的海上霸主。
前面那座山頭，我們要了。

接著就進入英國瘋狂搶占海外殖民地的時期了。
各種掠奪和不公平貿易帶給殖民地巨大的災難，卻讓英國愈來愈強大。
但是英國猛然一回頭，發現國家都還沒統一呢！
老大，不好啦！
家裡頭又打起來了！

我們前面講的四大區域裡，英格蘭在一五三五年吸收了威爾斯。
英格蘭吸收威爾斯時，國旗沒有改變，用的還是英格蘭國旗。

一七〇七年，英格蘭和蘇格蘭合併，國旗發生了第一次合體，米字旗出現。

直到一八〇一年，愛爾蘭才被吸收，米字旗從此多了一個紅叉叉，國家也算完成統一。

加上海外殖民地遍布全球，就連第一次工業革命都發生在英國，英國國力到達了巔峰。
第一次工業革命，讓英國成為了「世界工廠」。

我要讓全世界都替我打工！

算上殖民地，英國最大領土面積曾達三千四百萬平方公里，控制了世界四分之一的土地和三分之一的人口。

你們儘管逃跑，跑得出我的地盤算我輸！

因為每一時刻都有英國的領地能看到太陽，所以英國曾經被稱為「日不落帝國」，是人類歷史上最大的帝國。

整個十九世紀，英國是遙遙領先的世界霸主。

英國不僅是世界上第一個工業化的國家，也是資本主義的發源地，可以說是站在了世界之巔。

但是盛極必衰，英國被捲入兩次世界大戰，國力損耗嚴重。
加上美國的奮起直追，英國痛失世界第一的寶座。

1
兄弟你這麼忙，這個我幫你保管啦！

一九二二年，英國連愛爾蘭都控制不住了。
加上宗教、政治上的因素，愛爾蘭獨立了一大半，只剩下北愛爾蘭孤零零地留在英國。
愛爾蘭脫離英國後，英國本土就變成現在我們知道的樣子。

愛我別走

戰後英國經濟凋零，經過幾位首相力挽狂瀾，大力推行改革，才慢慢把英國帶回正軌。

立刻執行改革方案！
改革
改革
改革
改革
是！

但是英國國力衰退已成事實，駕馭不了那麼多海外殖民地，印度、緬甸、馬來西亞紛紛獨立。
最後一塊被主權國收回的英國殖民地……
就是中國的香港！
三分鐘

現在的英國雖然也是已開發國家中的重要一員，但是影響力大不如前，離巔峰時期的日不落帝國，太遠、太遠……
哎……日終究還是落了……
英國篇・完

愛我別走

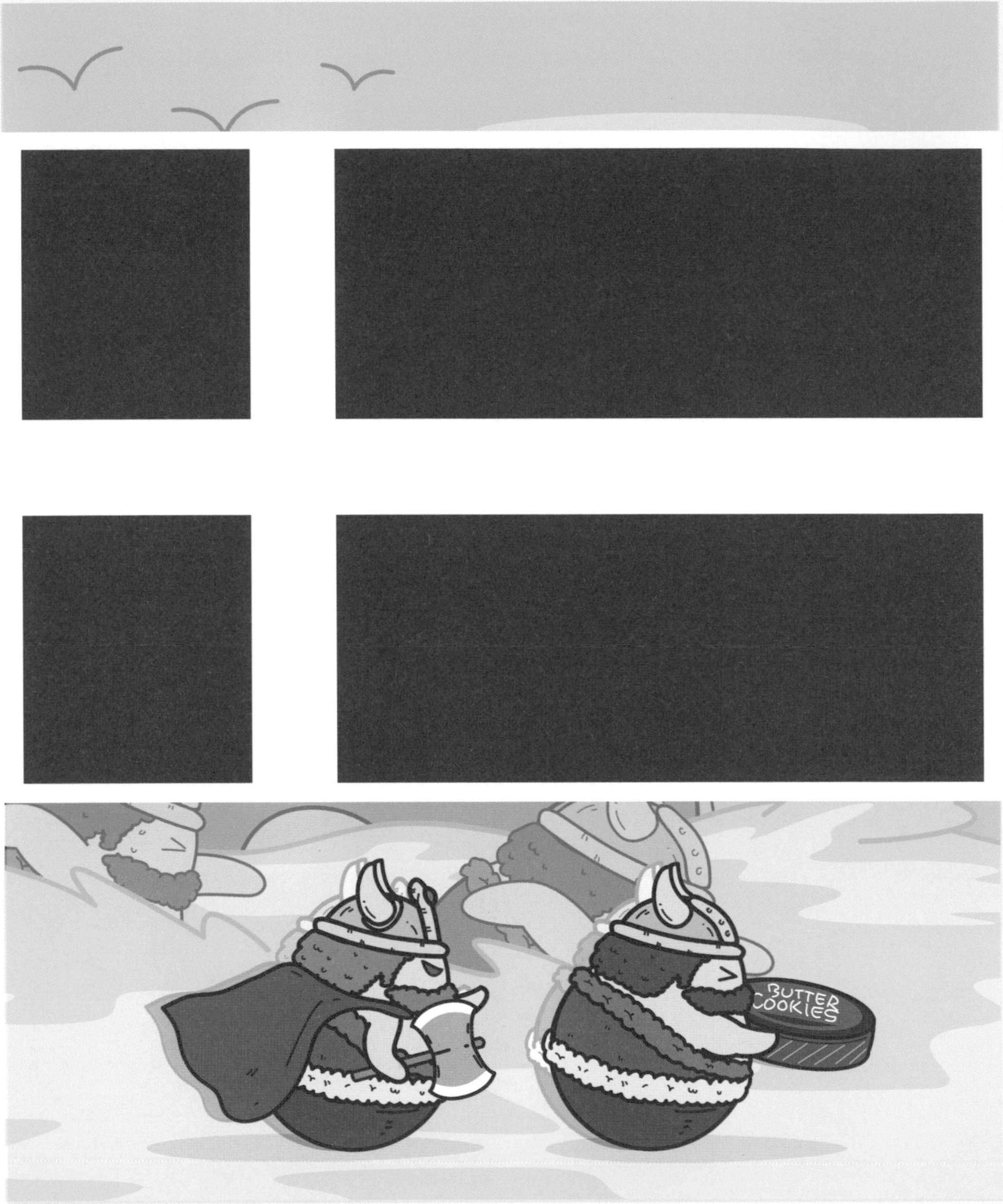
BUTTER
COOKIES

# 4 丹麥 Denmark

現在說起丹麥，大多數人的第一反應，應該是丹麥的曲奇餅乾吧！再認真想一下，可能還能想起《安徒生童話》，對，它也是丹麥的。
BUTTER COOKIES
安徒生童話

反正應該都是這種「夢幻王國」的印象。
但你可曾知道，這個看似與世無爭的國度……
在歷史上也曾腥風血雨！
三分鐘

幾千年前，如今的北歐地區是偏僻到不能再偏僻的地方了，不過這裡依然生活著一群以打漁、打獵為生的人。

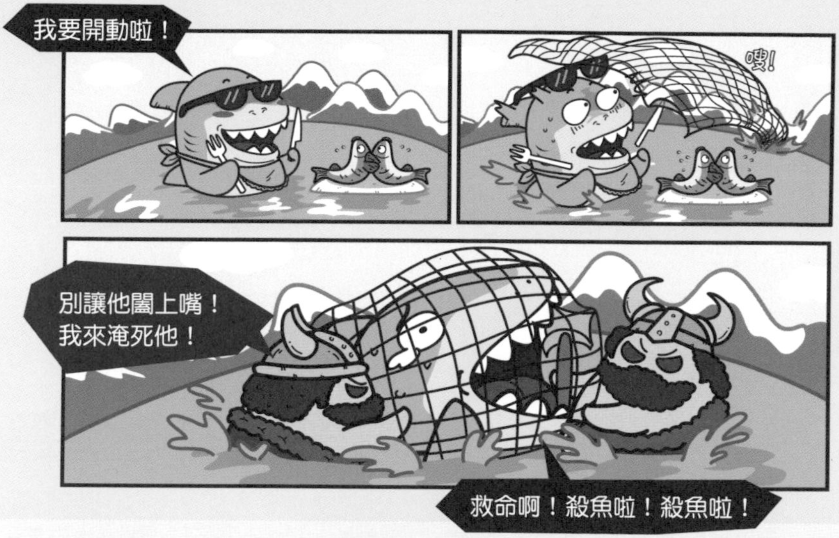
我要開動啦！
嗖！
別讓他闔上嘴！
我來淹死他！
救命啊！殺魚啦！殺魚啦！

但是因為又遠、又偏、又冷，古代北歐發展得很慢，好好種田是不可能的，又不懂得怎麼做生意……
怎麼辦？只能去搶了。

老大，這天又開始下雪了，
動物冬眠了，咱不好過啊！
對啊，看來得另謀生路了！

於是他們坐上自己特別打造的一種長船，乘風破浪搶劫去，哦不，冒險去了……
上帝保佑啊，不要讓這些大壞蛋回來了！

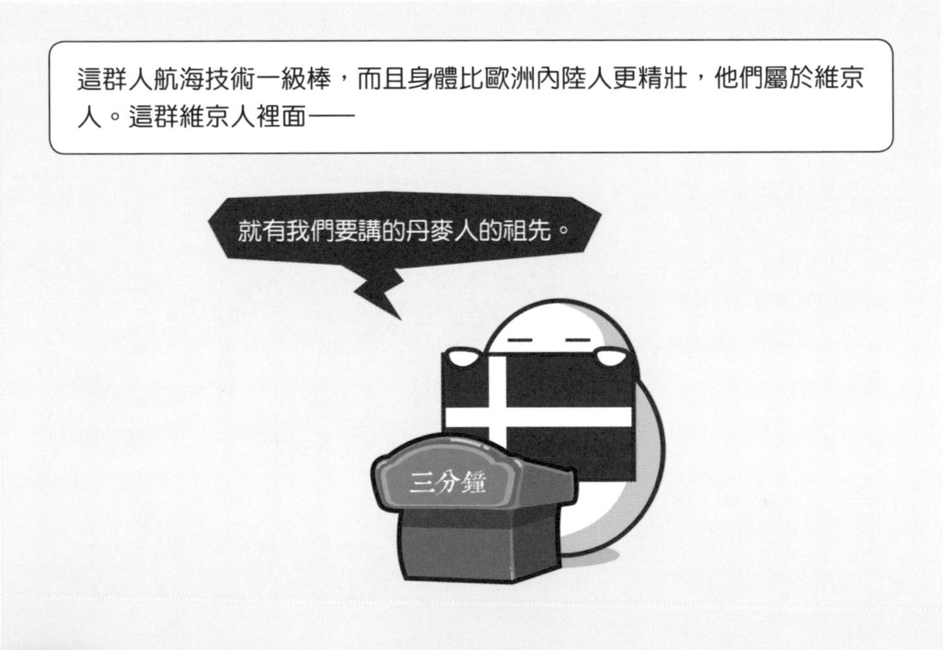
這群人航海技術一級棒，而且身體比歐洲內陸人更精壯，他們屬於維京人。這群維京人裡面——
就有我們要講的丹麥人的祖先。
三分鐘

丹麥的地理位置，走兩步就能騷擾英格蘭，而丹麥也確實是這麼做的。西元七八九年，歷史上就有記載，丹麥入侵了英格蘭。

帶了槳的快划船，希望天黑之前能搶到我們人生的第一桶金！
後面的，聽到沒！帶了槳的快划船！
後面的，帶了……
……
哎，算了算了……漂到哪就搶哪吧……

那時的英格蘭官員以為他們是做海上貿易的商人，就上了他們的船，要求他們繳稅。

嗯，又來了新的商人，快上去勾結他們。
英格蘭

沒想到他們面對的是一群海盜，收稅不成反被砍，從此開啟丹麥海盜欺負英格蘭的歷史。

這地方好，人傻錢多，
回去把弟兄們都叫過來。

丹麥欺負英國？這在今天是無法想像的，但在當時，這些海盜成長環境惡劣，身體素質被磨練得比較好，打起架來以一當十。
而且維京人信仰北歐神話，描述的故事都很暴力，宣揚只要戰死沙場，就能見到至高無上的奧丁神，因此維京戰士們視死如歸。

來戰啊！老夫最後的機會了！
不然只能下輩子見奧丁神了！

而那個時候的英格蘭，剛開化不久，實力很弱，和我們今天印象中的英國完全不一樣。所以一來一往，英格蘭被來自丹麥的維京人打得毫無還手之力，被搶了一堆錢財和物資。

快點快點！把能搬走的都給我搬走！

你們辛苦點游回去吧不然船真的要沉了！

現在的考古學家，在丹麥發掘的古英國硬幣，比在英格蘭發掘的還多，這就很能說明問題了……

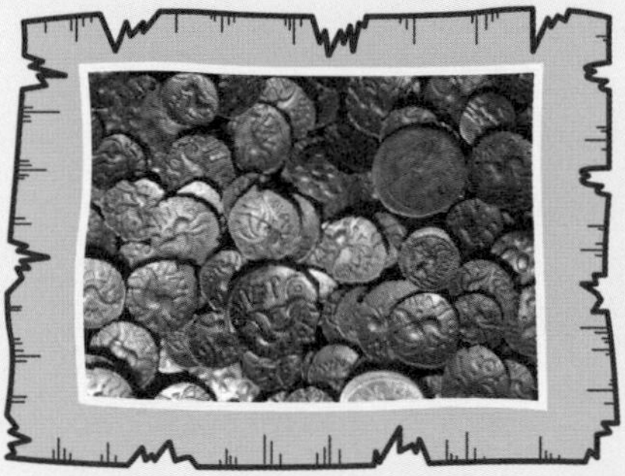

除了英格蘭，丹麥海盜的足跡還踏上了現在法國、西班牙的領土，所到之處燒殺搶掠，留下了許多恐怖的海盜傳說。

老公，窗外的海盜為什麼一直盯著我們家？
我們這麼窮，估計是貪圖妳的美色，今晚還是別睡覺的好。

阿牛，找了你一整晚，怎麼跑到這裡來了？
又在別人家門口拉屎！你小心被打死哦！

搶夠了外地人，丹麥海盜又把目標……

對準了自家的維京人……

所謂的瘋起來自己人都搶！
三分鐘

有一個叫做哈拉爾一世的丹麥國王，丹麥在他的帶領下，一路向北攻擊挪威和瑞典，吃掉了他們的部分領土，創建一個北歐小帝國。
這個哈拉爾一世，其實我們都認識，他的綽號叫做「藍牙」，沒錯，就是我們現在手機上的那個藍牙。

今天起，你們就跟著我藍牙走！

為什麼要給哈拉爾一世取這麼一個綽號呢？
有一種說法是，他有一顆牙齒是黑的，而英文中藍色有時也能代表黑色，所以叫做藍牙。

藍牙是北歐發明的技術，而科學家之所以把這項技術取名為藍牙，就是認為藍牙這種能夠連接不同設備的技術，和哈拉爾一世征服北歐，連接不同國家的行為很相似。

把你的手和他的手串一串！

哈拉爾一世的後人更加厲害，又把英格蘭納入了版圖，把北海變成了丹麥人的內海，史稱「北海帝國」。
這個把丹麥帶上歷史巔峰的人，叫做克努特大帝，他是古代西方統治海域最大的男人。

我家的浴缸最大了！

照這個形勢發展，丹麥本來可以再接再厲，南下爭搶歐洲大陸，說不定今天法國、德國的領土都會是丹麥的呢。

要過來一起洗嗎？

可惜丹麥王室認為，他們信仰的北歐神話太崇尚暴力，不利於統治，可能隨時都會有人想造反，於是他們轉頭接受教人順從的基督教。
神父，你幫我感化一下他們吧！不然總覺得有一天我會死在他們手上！
你放心，洗腦……啊不……感化什麼的，我最擅長了！

這下好了，人民確實溫順許多，但是維京戰士失去精神支柱，戰鬥力大大下降。
聽說維京戰士驍勇善戰，今天就讓我來會會！
公子莫急！等我繡完這朵菊花！

克努特大帝死後群龍無首，加上其他國家崛起，英格蘭、挪威和瑞典全部脫離丹麥的統治，北海帝國迅速瓦解。
都撤了吧，涼了涼了！

此後的二、三百年，為了恢復大國地位，丹麥就想要找幫手。
隔壁的挪威和瑞典，正好也在外面惹了一屁股事，擔心仇人報復。
就同意和丹麥組隊壯膽，結成一個三國聯盟，稱為「卡爾馬聯盟」。
卡爾馬大飯店
一聲兄弟大過天！

Denmark

在這個聯盟裡，丹麥老是以老大自居，但其實大家都心知肚明，丹麥的實力早就大不如前，還天天在那邊裝腔作勢。

昨天我閒著沒事，隨便買了一艘超豪華大船，
一會兒吃完，我們出海玩玩，團結一下聯盟。
你們別誤會哦……
船真的不是我租來的，
租船
100
一天
是我平時會把船租給別人。

最不服丹麥的就是瑞典，經常和丹麥鬧彆扭，整個聯盟沒有團結過一天。

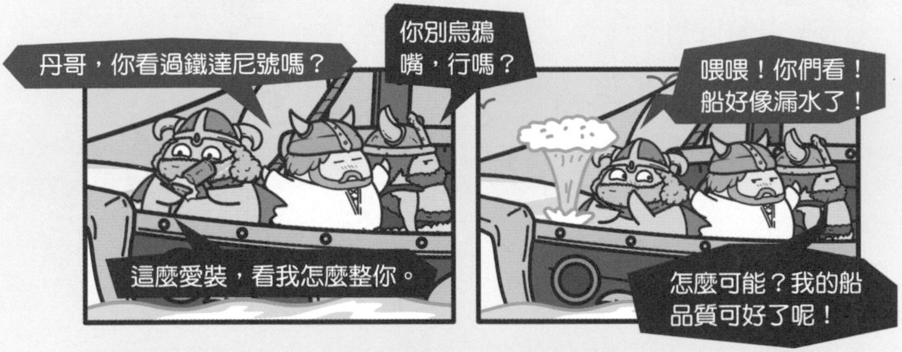
丹哥，你看過鐵達尼號嗎？
你別烏鴉嘴，行嗎？
這麼愛裝，看我怎麼整你。
喂喂！你們看！船好像漏水了！
怎麼可能？我的船品質可好了呢！

哇！真的漏水，都怪我烏鴉嘴。
完了完了！要賠錢賠死了！

一五二三年，瑞典正式脫離聯盟，留下丹麥和挪威兩兄弟。丹麥估計那會兒還在想「走了你就別後悔，以後有好事別想摻一腳」。

啊！典典，你這是要走？
老丹，你不挺有錢嗎？破船就丟了吧，保命要嗎？
你走了的話，待會兒釣到小魷魚，你可沒份哦！
你自己吃吧，到水裡吃去，更新鮮！

然而瑞典真的走對了，因為丹麥接下來的日子真的很慘。
每次戰爭都各種慘敗，輸得連底褲都賠光了！

徹底失去了歐洲爭雄的機會。
三分鐘

後來丹麥終於學乖，認清自己大不如前的現實了，不能再鬧事了。
所以在拿破崙戰爭時期，丹麥想在英國和拿破崙之間保持中立。

小丹，快過來幫忙！
那個……我有點近視……
我就站這裡看看可以嗎？

但英國不吃這一套，你丹麥加入中立聯盟，就是不幫我英國，那就是英國的敵人。

更何況丹麥以前強盛時還欺負過英格蘭，新仇舊恨一起算！英國把丹麥海軍打了個全軍覆沒，史稱「砲艦戰爭」。

砰

被打哭的丹麥惱羞成怒，你英國既然打了我，那我就去幫你的敵人！

非要這樣對我是吧？
那就別怪我下狠手了！

然後丹麥轉頭就去抱拿破崙的大腿。
但是沒想到的是，拿破崙後來也輸了……

要幫拿破崙是吧？等著，一會兒就輪到你被收拾了！

戰後，做為拿破崙幫手的丹麥，被要求割讓挪威給瑞典。輸了戰爭又割地，丹麥悲慘到了極點。

哎！早就讓你跟我走啦！

不過還有更慘的，一八六四年，丹麥又被德國欺負，割讓了一塊地給德國。
一戰結束後，國際列強要求德國把這塊地還給丹麥。
但你猜怎麼樣？

再不還給他，
我們就報警啦！

丹麥居然不敢要！丹麥擔心這塊地被德國占領幾十年，早就被德國人同化了，怕收復之後，他們會鬧革命。

不不不，大家一定是誤會了！

這裡民風這麼剽悍，
怎麼可能是我的地呢？

結果經過當地人民的投票，北部決定回歸丹麥，南部決定留在德國。丹麥這才放心地接納他們。

算了，別說我欺負人，
我們就用投票解決吧！

以後就以這條線
做為分界啦！
德國
德國
丹麥
丹麥

後來二戰開始前，德國和丹麥簽訂互不侵犯條約。
小丹，去拿點好吃的過來，二戰開打後，我保證不動你。
嗯！德哥說的話！我一百個放心！
放心，那就趕緊去拿吃的來。
德哥，你的電話在響哦……

喂，什麼情況？
然而德國背信棄義，二戰初期只用一天就打垮丹麥。丹麥在整個二戰中淪為籠套，等待盟友的救援。
開打了是吧？好的，我知道了。
打死你打死你！叫你弄點吃的就磨磨蹭蹭。
想來你這兒蹭個飯，怎麼就這麼難呢？

丹麥的歷史，就是一部領土愈來愈小、軍事愈來愈弱的歷史。
其他國家不斷的擴張，丹麥卻不斷的收縮。

今天我又搶了塊地，
不要太羨慕哦！

但是丹麥人似乎早有預料，很早就展開工業革命，進行工業化的改造。
人均GDP處在世界前列，國家還是很有錢的。

這樣能讓你閉嘴嗎？

直到今天，丹麥都是福利國家的代表，生老病死基本上都是國家在花錢，貧富差距極小，人民生活無憂無慮。
或許對丹麥人來說，這樣的結局可能才是最好的……

噢！對了……這個月的福利還沒花完，明天又要發了……哎。

丹麥篇・完

# 5 荷蘭 Netherlands

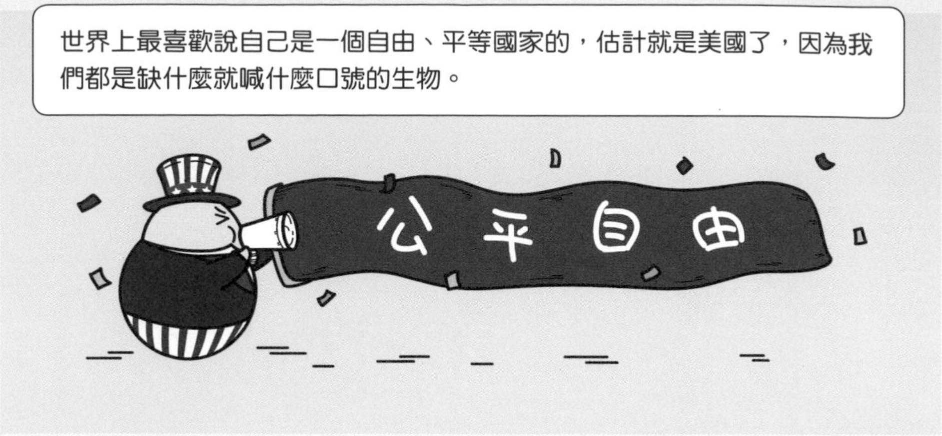
世界上最喜歡說自己是一個自由、平等國家的，估計就是美國了，因為我們都是缺什麼就喊什麼口號的生物。
公平自由

但真正的自由國度，都是用行動證明自己，比如荷蘭……
兄弟，敢像我一樣來點真的嗎？
公

在荷蘭，嫖娼是合法的，只要你有錢。
抽大麻是合法的，只要你有錢。
同性戀也是合法的，只要你有錢。
金錢即是正義！
18

這麼自由與開放，就算在西方國家裡，也是一個異類。
荷蘭的開放，到底是怎麼煉成的呢？

就讓我們在他的歷史裡找答案吧！
三分鐘

首先，荷蘭這個國家不是最初就有的，在一五八一年以前，荷蘭都是其他國家的領土。
羅馬、法國和德國都曾經占領過這個地方，最後卻落到西班牙手裡。
所以荷蘭就像小三一樣，哪個男人強就被哪個男人搶走。

前夫專座
以後他就是我西班牙的老婆了！

但是這個小三有點不一樣，她很有獨立的精神，不想靠男人包養過日子。

我餓了，拖完地給我去煮飯！
老娘不幹了！整天做這做那的煩不煩！
哎呀，被我包養還這麼不聽話！
有錢了不起啊！沒有你，我也能過得很好！

荷蘭雖然資源匱乏，但是面朝大海，水路發達，是個做生意的好地方。
於是荷蘭人在海邊捕魚，開船賣到歐洲各地，返程的時候再載滿土產回來轉手賣掉。

這裡人來人往的，
一定會有人看上我。

荷蘭透過這些生意，賺的錢不比其他大國少，所以荷蘭商人的地位比其他國家的商人高得多。

好像真的很能賺錢啊！

荷蘭漸漸變得有錢，卻引來西班牙的殘暴對待，被施以暴政、重稅和無情壓榨。

在外面玩得挺開啊！
你想對人家幹嘛？
把錢交出來！
什麼！原來你是圖我這個！

大壞蛋！打死你！打死你！捶你胸口！

這下荷蘭人民就受不了了，你侵占我的身體可以，但是不能侵占我辛苦賺來的錢！荷蘭人民不堪重負，抄起傢伙開啟獨立戰爭。

戰爭從一五六八年打到一六四八年，前前後後打了八十年！如果你是當時的荷蘭士兵，從剛斷奶就參戰，直到得了白內障，才能看到荷蘭共和國的完全獨立。

等這天整整等了八十年，
終於能對國旗敬禮了！

……

不過荷蘭人就算在戰爭期間，也沒停下做生意的腳步。
一六〇二年，他們成立了荷蘭東印度公司，這是世界上第一個跨國公司。

東印度公司

荷蘭東印度公司負責荷蘭和亞洲各個國家的貿易，足跡走遍大半個地球，擁有兩萬多名員工。

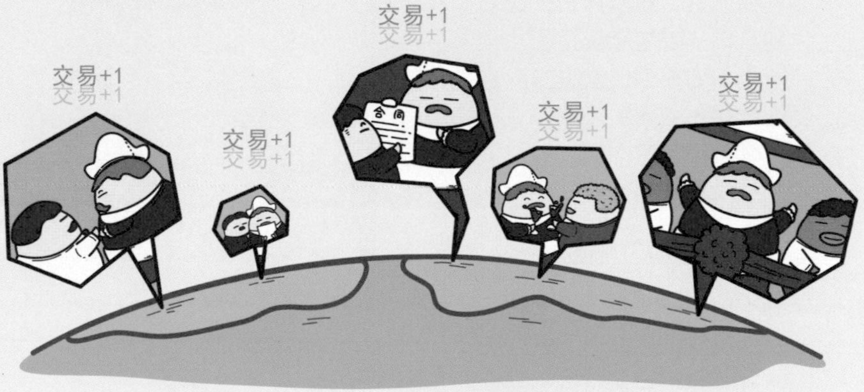
交易+1
交易+1
交易+1
交易+1
交易+1
合同

一六〇九年，荷蘭成立證券交易所，玩起了證券和股票，走在世界金融的前列，簡直就是一群商業狂魔啊！

股票是什麼？
?
股票
幾百年後你就懂了。

但如果你認為荷蘭人是為了世界和平而做貿易……

那你就大錯特錯了！
三分鐘

他們為了獲取亞洲的資源，進行過多次大屠殺，完全忘記自己也是從西班牙的壓迫中走出來的。

我們以前不是被壓迫過嗎？現在這樣壓迫別人好嗎？
你們懂什麼，我覺得被壓迫也是一種享受。

臺灣當年就被荷蘭占領過，他們屠殺了不少臺灣原住民，為的就是獲取臺灣的甘蔗、菸草、棉花等作物。

別弄髒了我的棉花，拖遠點殺！
好的，老大！

「貿易狂魔」在最鼎盛時占據全球四分之三的貿易，比如挪威的木材、東南亞的香料、中國的瓷器和絲綢……全部都是由荷蘭的船轉運，再賣給需要他們的人。

只要我罷工一天，半個地球都要停止運轉。

全世界的海洋布滿了荷蘭的船，荷蘭因此獲稱「海上馬車夫」。

其實說白了就是「拉貨大王」！
三分鐘

商人和金錢支配了荷蘭，有能力賺到錢才是真本事，貴族和神父這些舊階級，在荷蘭說話就沒什麼分量了。

姊妹，看在上帝的分上，能免費送本神父過河嗎？
沒錢坐什麼船！你不是信神嗎？讓上帝施法送你過河啊！

所以荷蘭階級意識不強，講究自由與平等。
當時很多歐洲的禁書，都是在荷蘭出版，再賣回歐洲各地的。

還有嗎？這種書再多來點！
18禁
老大，船都要沉了，這一趟就先拉這麼多吧！

但俗話說得好，獨食難肥，錢全給你荷蘭一家賺了，其他國家吃什麼？

於是英國第一個不爽，與荷蘭打起了英荷戰爭。
三分鐘

英荷戰爭一共打了四次，最轟轟烈烈的一次發生在一六七二年，英國從海上打過來，法國從陸上攻過去，準備一起夾擊荷蘭。

我從後面捅他！

我在前面射他！

荷蘭其實沒有很怕英國，因為那時候荷蘭海軍比較強大，英國的幾次進攻都被化解，英軍急得團團轉。

呵呵，你就這點能耐了嗎？

法法救我！
法法？他來一個我砍一個，來兩個我砍一雙！

但是法國強大的陸軍，打得荷蘭灰頭土臉。

荷蘭的重要城市陸續淪陷，六十%的領土被占領，荷蘭亡國在即！

嗯？聽說你要砍我？
我……我說的是……砍法式小麵包，砍碎一點，比……比較好吃……

我們今天還能看到荷蘭，多虧一位民族英雄及時出現，他先積極與其他國家結盟，逼迫法國撤兵。

可惡啊，居然找幫手！
沒事了沒事了，我們回家！

接著又透過收買和遊說雙管齊下，讓英國國會不再支持國王攻打荷蘭，搞得英王沒錢打仗，被迫打道回府。

寶貝別生氣，我現在就回去！

這個拯救了荷蘭的人，叫威廉三世。
但拯救荷蘭只是他的第一步……因為他接下來的事情更厲害。

好戲才剛剛開始！

前面被打跑的英國國王，其實是威廉三世的岳父的哥哥，這一仗就和岳父打出了恩怨。後來他的岳父繼任英國王位，但是因為治國無方，英國國會想要推翻他，威廉三世趁機跑到英國搶王位去了。

親愛的女婿：
你的岳父不行了，
速來！！！
你最愛的岳母

因為他岳父在英國不得民心，外來的威廉三世反而受到歡迎，兵不血刃就當上了英格蘭國王，這就是歷史上著名的「光榮革命」。

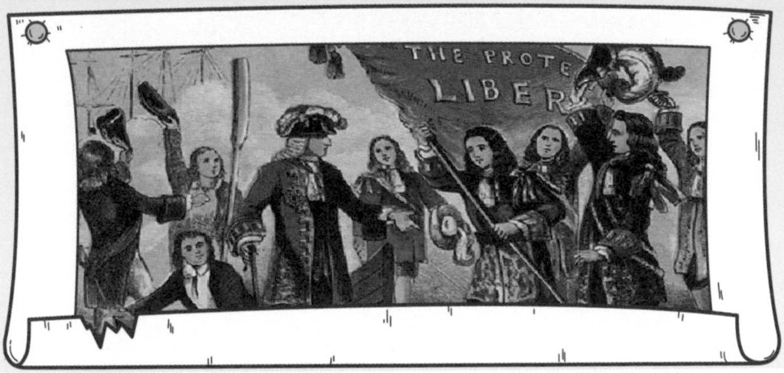
THE PROTE
LIBER

同時掌管英國和荷蘭後，威廉相當激動，馬上打起了心裡的小算盤。

如果我讓英國和荷蘭互相幫助，一起成長為超級大國，那我豈不是……

歐！洲！最！強！

於是剛剛打過仗的兩個國家，就因為君主是同一個人，冰釋前嫌，互相結盟。

從今天起，我們都是一家人啦！

荷蘭借大量的錢給英國造軍艦，讓原本比較弱的英國海軍實力突飛猛進。

借……借給你的，一定要還哦！

視貿易為生命的荷蘭，還教英國做什麼買賣賺錢，傳授國際貿易的祕密。
兩個國家看上去其樂融融。

18禁
高風險商品才有高收益，
生意之道別說姊姊沒教你。

但是威廉還沒實現稱霸歐洲的宿願就去世了，兩個國家又反目成仇。
被荷蘭養肥的英國反過來按住荷蘭就是一頓毒打。

誰是姊，誰是弟，你給我說清楚！
pia
pia

法國也來湊熱鬧，猛烈進攻荷蘭，時間彷彿回到「災難年」。
但是這一次，荷蘭沒有民族英雄了。

兄弟你的皮鞭不夠勁，讓我來！

荷蘭在海上不敵英國，交出海上霸主的地位；在陸地上不敵法國，一七九五年被法國占領，變成法國的小弟。

哎，沒有我在，果然不行啊！

一八一五年，荷蘭趁法國內亂才重新獨立。
這次換了個名字叫做荷蘭王國，一直沿用至今。

復出後的荷蘭元氣大傷，往日的海上霸主和金融領袖地位，一去不復返，自此淪為二流國家，變成歐洲的配角。

你們的海上皇帝又回來了！
嚷嚷什麼呢？掃乾淨點，不然炒你魷魚啊！
是……是……

隨後進入近現代，在兩次世界大戰中，荷蘭都宣布中立，但是第二次中立失敗，被德國納粹占領。

別舉那面旗子了，我給你換面大的！
中立

不過好在荷蘭之前兩次工業革命都沒有掉隊，緊跟著歐洲的大部隊，累積不少底子。
加上荷蘭人骨子裡自強不息的精神，依然讓他們在戰後發展成為已開發國家，人均收入位居全球前十。
何以療傷，唯有賺錢！

自古流傳下來的自由、平等思想，也讓荷蘭成為世界上最開放的地區之一。雖然歐洲霸主這個夢想是不敢作了，但是人嘛，只要自己活得開心就好啦！
荷蘭
歡迎來到荷蘭，這是吃喝玩樂指南，請拿好喲！
荷蘭篇・完

可以尿尿了

18

# 6 比利時 Belgium

裸體男童在街頭隨地小便，路人竟排隊拍照留念，這種場景要是發生在臺灣，肯定會變成網上的熱門話題。

咔嚓
咔嚓
咔嚓

但在比利時人眼裡，這事沒什麼好稀奇的。
他們的首都布魯塞爾，街頭就立著一尊尿尿小童，後面還接著一根水管，時時刻刻向外撒「尿」。

尿尿小童

布魯塞爾把這尊雕像做為市標，派專人小心呵護，還專門為他收藏八百多件衣服，每逢節日就換新裝。
到比利時旅行的遊客，都會和這座雕像合影。
尿尿小童的紀念商品，在比利時各地都能買到。

最討厭三八婦女節了！
18

說這尊撒尿雕像是比利時的象徵都不為過。
這座造型獨特的雕像，為什麼能得到比利時人的讚賞？
其實這座雕像刻劃的是一個叫于廉的小英雄……

傳說他曾經拯救了比利時！
三分鐘

古時候敵軍進攻布魯塞爾，在這裡埋下了一堆炸藥，準備在市民熟睡時引爆，把整個城市送上天。

這次我點二十根引線，看你怎麼滅！

敵軍點燃導火線就跑了，小于廉無意中發現了炸藥，但是周圍沒有水可以滅火，他就急中生智撒泡尿把火澆滅了。
布魯塞爾就這樣逃過一劫……

知道什麼叫花灑嗎？我靈「雞」一動迅速滅火的事情！

於是小于廉就被市民當作救世主，為了紀念他的壯舉，人們製作于廉撒尿的銅像，當寶貝一樣供奉著……
雕好了沒？我快尿完了。

這個故事相信不少人都聽過，但大家聽到的可能是不同版本，主要差別就在於……
故事裡的敵軍到底是誰？
三分鐘

有說是西班牙人，有說是德國人，還有說法國人是幕後黑手的版本。做為火藥的發明者，中國沒中槍真是萬幸。
你們聊，我先走了……

這就得從比利時的歷史講起了。
三分鐘

怎麼寫個英雄故事，連敵人是誰都沒搞明白呢？

比利時可以說是歐洲最「欠扁」的國家之一，旁邊的法國、德國，遠一點的義大利、西班牙，都曾經把比利時按在地上打。

毆打比利時專車
上車了上車了，跟緊別脫隊哦！

比利時人老是挨打，倒不是因為他們喜歡惹事，主要是因為比利時這塊地風水好，總有人想過來搶。

我看就砍成四份，一人一份好了！

比利時位於歐洲西部，這裡有大片沃土和眾多河流，又很靠近海洋，種地、放羊、撈魚，樣樣都能玩出名堂。
早在三千七百多年前的石器時代，比利時就生活著很多蠻族，因為這裡環境好，所以日子還算過得去，一般都不會餓肚皮。

老婆，以後咱一三五放羊，二四六撈魚，
週日再耕耕地。
唔……討厭！
這日子實在是太舒坦啦！

可能是因為條件太好，所以有些不思進取，一千多年過去了，他們還是蠻族。
倒是南歐的義大利孕育出羅馬這個強大的國家。

是時候開團了！
滿級六神裝

西元前五八年，著名的羅馬將軍凱撒開始北上攻打西歐的蠻族。
你是沒有機會贏我的！
能死在我的刀下，是上天給予你的恩賜！

經過九年的血拚，大半個西歐都變成羅馬的領土。羅馬自然也變成遠近聞名的大地主，想給地取什麼名就取什麼名。
願打服輸吧！她歸我了！

凱撒為了方便管理，就把搶來的土地劃分成非常多塊，其中一塊叫「比利時高盧」。

這就是「比利時」國名的由來。
三分鐘

住在比利時的那些蠻族，接受羅馬人的教育，文化水準瞬間提高，再加上比利時風水好，理論上很快就能變得繁榮。

為師今天好好給你上一課。
目標一億
好！好！

只可惜事與願違，比利時的東北方還有更多蠻族，羅馬人進攻好幾次，都沒有徹底消滅他們，只能把比利時當作要塞來禦敵。

羅馬帝國存在了多久，羅馬軍隊就和北方蠻族在這裡打了多久。
天天被當戰場，你說比利時的日子能好過嗎？

老師，教室都打塌了啦！幾時上課呀？
29
等著，為師今天一定要宰了他！

直到西元五世紀，這兩個傢伙才分出勝負。
蠻族最終消滅了羅馬帝國，還自己建立王國。
在之後的幾百年裡，西歐又經歷了很多王朝，還有無數次分分合合。
這期間有不少新國家誕生，比如法國、西班牙。

法國
France
西班牙
Spain

但這個名單裡沒有比利時，他老是被當作肥肉搶來搶去，一直都沒能獨立建國。

他是我的！
快放手！
你就作夢吧！

最開始統治比利時的是南方來的西班牙人，這傢伙有大手大腳的毛病，錢花光了就找比利時人借，借完又賴著不還……

怎麼了？借錢而已，
又不是要你的命！
……

後來連借條都懶得寫了，直接從比利時人手裡搶。比利時人終於氣炸了，他們與隔壁的荷蘭人聯手，起義反抗西班牙的統治。

你不能這樣！
那是我的救命錢！

兄弟，命運是掌握在自己手裡的。

西班牙一開始節節敗退，等緩過神來後，立刻反撲起義軍，攻陷比利時的很多城市，其中就包括布魯塞爾。

小于廉很可能就是在這時拯救城市的！
三分鐘

西班牙人和起義軍血戰時，更強大的奧地利人一直在旁邊盯著比利時流口水。
等西班牙打架打累了，奧地利馬上跑來搶走比利時，上演一齣螳螂捕蟬、黃雀在後的好戲。

嘿嘿！鬥吧鬥吧！
砰!
啪!
兄弟，你看你都累了，
我把他帶走，替你教訓他！

奧地利人雖然手段髒了點，但管理水準還算可以。
他們的官員非常能幹，推出各種優惠政策，鼓勵比利時人下海經商。

加油啊，小比利！

奧地利人還大力支持金融業和工業的發展。
各種銀行、股票交易所，還有製造槍炮的工程，如雨後春筍般在比利時冒出來。

起！
BANK
股票

比利時本來就是塊寶地，稍微用點心經營，馬上變成歐洲最富有的地方之一，但四處飄散的錢味，又引來了一群狼。

BANK

這就是為啥法國人能出演小于廉故事中反派的原因！
三分鐘

先是法國派大軍來比利時搶錢，奧地利軍隊打不過，只能把比利時拱手相讓。

法國人撤走之後，比利時又被當年一起造反的荷蘭兄弟給吞併了，變成荷蘭聯合王國的一部分。

蘭姊！法國終於滾啦！
那……接下來就輪到我了！

本來是同輩姊弟，現在荷蘭非要當爹娘。
比利時人怎麼會答應？
於是他們在一八三〇年發動起義，要求和荷蘭分家。

快放手，我要走！
乖！別鬧了！

估計比利時被扁太多次，連老天爺都看不下去，這一次起義終於成功。
荷蘭在其他國家的干涉下，被逼著承認比利時的獨立。

再糾纏他，我們就代表月亮消滅你！

比利時人估計也受夠了，成功建國後的第一件事，就是宣布永久中立。
但有句毒雞湯說得好，「如果你覺得昨天和今天都很慘，可千萬別絕望，因為明天會更慘。」
還有更多倒楣事在等著比利時。

衰神

當時歐洲大陸最強的兩個傢伙是德國和法國，而比利時正好夾在兩國中間，就像漢堡中間那塊肉餅，擠一擠就爆了。

第一次世界大戰爆發時，德國為了方便攻打法國，就先入侵中間的比利時。比利時那瘦弱的身軀哪裡扛得住……

六天不到就亡國了……
三分鐘

雖然德國最終被打敗了，比利時也成功復國，但他還是心有餘悸。
在第二次世界大戰前夕，比利時不停地對德國強調，「我是中立國，你別打我。」
當時掌管德國的是大魔頭希特勒，他哪會和你講道理？
一九四〇年，德軍果斷進攻比利時，這次比利時堅挺了十八天才掛掉，好歹算有點進步。

中立
中立
中立
中立!
中立
哭夠了就回去想想
怎麼安排後事吧！

直到四年之後，英、美等國組成的盟軍才跑來救援比利時。他們在這裡和德軍打得天昏地暗，雖然最後贏了，但比利時基本上也變成廢墟了。

兄弟醒醒！你躺贏啦！

雖說結果有點慘，不過這是比利時最後一次遇難。第二次世界大戰結束後，歐洲人變得比較安分，比利時再也沒有被入侵過。

從今天起做一個
Gentleman

相比過去近兩千年的磨難，這幾十年和平根本算不了什麼，所以比利時人還是不能放鬆警惕，得時刻提防有人來搶劫。

幹嘛總是這樣盯著我……

小于廉做為反抗侵略的英雄，去兼職當「提醒者」再合適不過了，每次看到他的雕像，比利時人都能想起歷史上自己居然被欺負過這麼多次！

18
孩子們，淋著這個聖水，
我們要勿忘國恥、居安思危啊！

比利時篇・完

# 7 德國 Germany

在大家的印象中，德國是歐洲一流強國，第二次世界大戰時，差點攻占整個歐洲，現在大家想想還是會怕。

嗯！

到現在為止，德國在全球也算大佬，製造的東西大家都愛買，在歐洲數一數二的有錢。
雖然現在看起來厲害，但當他們還叫日耳曼時……

其實是非常弱的！
三分鐘

日耳曼是歐洲的一大民族，很早就開始在歐洲北部遊蕩了。不過日耳曼人比較落後，南方的羅馬人都建立起帝國，日耳曼人這邊還在玩部落遊戲，沒有形成一個正式的國家。

啊！我真的好強壯啊！
能成為拔樹之王的人一定是我！
哼！我今天就讓你輸得心服口服！

所以羅馬人看不起日耳曼人，稱他們為落後的蠻族人。

嘿！快過來快過來，
下面那兩個人好傻啊！
蠻族人你都沒見過嗎？
小心看多了智商也被拉低哦！

可就是這群被羅馬稱為蠻族的日耳曼人，後來成了摧毀羅馬帝國的主要力量。

這棵樹真難拔啊！
是啊！沒見過這麼粗的！
我先拔倒的！
明明是我！

日耳曼人其實是一個總稱，底下還有很多分支，其中有一個分支叫做法蘭克人。

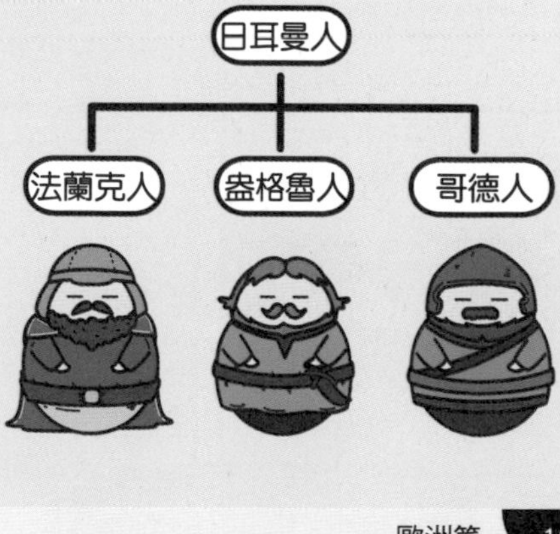
日耳曼人
法蘭克人
盎格魯人
哥德人

法蘭克人在羅馬帝國衰落後，搶奪土地建了一個法蘭克王國，並在查理大帝時期達到巔峰，最後被三個孫子瓜分掉，分成東、中、西三個法蘭克。

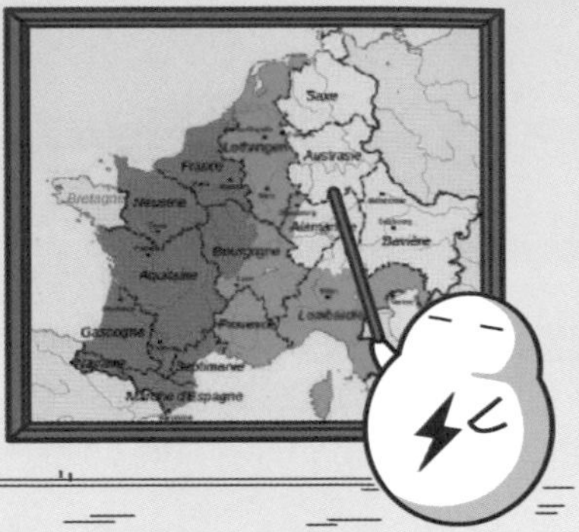

東法蘭克名義上是一個王國，但是裡面存在很多公國，不是一個統一的國家，就像中國的戰國時期有很多諸侯國一樣。

你的臭豬又來我這裡拉屎，
再這樣，我讓你吃不完兜著走！
大家都是公國，你講話客氣一點！
再說誰能證明這是我的臭豬？

直到有一位叫奧托的國王出現，他一邊制服國內的各公國，一邊打跑騷擾邊境的外族人。

真是受夠你們這些小公國，
整天吵吵吵的，都去死吧！
還有你這隻臭豬！
以為我不知道你是外地豬嗎？
整天跑過來我們這邊挑撥離間！

奧托治國有方，讓東法蘭克王國強盛一時，獲得「奧托大帝」的稱號。但是歐洲以前的主人是羅馬人，不是羅馬人的奧托大帝就算再厲害，也相當於一個暴發戶，不是名正言順的羅馬繼承人。

為什麼天一直在下雨？
因為現在是雨季啊，大帝！
不！一定是因為我不夠純種，
所以當了大帝連上天都不服！

奧托為了讓自己有名分，就殺入了處於義大利的教皇國，讓歐洲人民的精神領袖——教皇，封自己為「神聖羅馬帝國皇帝」。

只要你們大家心存善念，
上天是會保佑你們的！
別和草民瞎嚷嚷了，
先保佑保佑我吧！
呀，什麼人啊！你再
不放手我就喊人啦！
喊人？就是門口那堆
被我砍死的死人嗎？
不要怕，我對你只有一個要求，
把我變成比羅馬人還純正的羅馬人。
好說！好說！

於是日耳曼人就這樣變成了「羅馬人」。
東法蘭克王國也改名變成神聖羅馬帝國。

讓聖光來得更猛烈些吧！
聖光洗禮

但是這個神聖羅馬帝國一點都不神聖，因為這是用武力搶來的稱號。這是日耳曼人扮演羅馬人的遊戲，和羅馬人毫無關係。

我沒強迫你吧？
沒沒沒，都是我心甘情願的！
我長得像羅馬人嗎？啊？
像像像，哪哪都像！

日耳曼更不是帝國，因為奧托大帝死了之後，神聖羅馬帝國內部群雄割據，又陷入一盤散沙的境地，沒有統一的中央集權。

大帝駕崩啦！
呃……
老子早就看你不爽了！
我今天非宰了你不可！

所以，「既不神聖，也不羅馬，更不是帝國」，這就是法國大文豪伏爾泰對神聖羅馬帝國的評價。

我不聽我不聽，我是最神聖的羅馬人。

神聖羅馬帝國存在了八百四十四年，看這個數字倒是挺長命的……
但他是虛有其表的帝國，內部諸侯國最多時達到數千個！

這樣的帝國，不散才怪！
三分鐘

一八〇六年，神聖羅馬帝國土崩瓦解，打敗帝國的那個人正是來自幾百年前是一家的法國，他的名字叫做拿破崙。

等等！這氣氛不太對！怎麼好像只有我們倆在打？
呃……我也覺得怪怪的……
打啊！繼續打啊！怎麼停了？

但是拿破崙後來也被反法同盟打敗，神聖羅馬帝國又捲土重來，不過這次換了個現代點的名字，叫做「德意志聯邦」。

時間稍微往前推一點，說起「德意志」這個詞，其實不是一開始就有的，因為德國這片土地一直很亂。

各個小國之間並沒有歸屬感。
三分鐘

八世紀時，教士最初是把這一塊地方人們說的方言叫做「德意志」，後來才出現德意志人的說法。

我的是純正的本地方言！
我的才是！
別爭了，反正你們都是德意志人……

所以從名字上可以看出，德意志聯邦和神聖羅馬帝國一樣，也有很多成員國，個個心懷鬼胎，依然沒有統一的想法。

來來來，送你巧克力！
別客氣，喝點柳橙汁！
你這柳橙汁真好喝，趕明兒全國開個會推廣生產一下！
你這巧克力才是口感極佳啊！必須辦個活動宣傳一下！

亂世等待英雄，德意志聯邦中有一個叫普魯士的成員國，馬上就要發威了。
一位叫做奧托·馮·俾斯麥的人，出任普魯士的首相，輔佐國王掌管國家的大小事務，開始了他統一德意志的計畫。

俾斯麥是個狠角色，他認為開會和活動解決不了問題，要統一就得靠鐵（武器）和血（流血），所以俾斯麥也被稱為「鐵血首相」。

你們這些人，整天不是開會就是活動，有個屁用？
鐵血

不得不說名字裡有「奧托」就是厲害。
俾斯麥和奧托大帝一樣，用強硬的手段連續發動戰爭，最後只用了不到十年就統一了德國，建立德意志帝國。

為了統一，這點犧牲是值得的！
鐵血

德國統一後，俾斯麥卻像突然變了個人，不再到處打仗搶地盤，而是到處結盟，希望天下太平，這讓德意志的實力在戰後大增。

我的願望是世界和平！

後來俾斯麥去世了，但他過去的「鐵血政策」卻深深影響了德國幾代人，加上德國的地理位置十分尷尬，非常沒有安全感，種種原因使德國開始走向軍國主義道路。

我一直記得祖宗的教誨，能用炸彈解決的，絕不多廢話。
鐵血

走上軍國主義道路後的德國，覺得以前錯失了搶奪領土和殖民地的機會。

如果上天再給我一次機會，我會把這些領土都收入囊中！

就是在這種情緒下，德國藉機發動了——第一次世界大戰！

不過慘遭列強扼殺！
三分鐘

一戰後各國簽訂《凡爾賽合約》，對德國實行各種嚴厲的制裁，要求德國好好反省反省。

趕緊簽了，不然打死你！
這麼長？

沒想到這個條約，引來德國人民的反感，他們準備醞釀一場更大的復仇……
一九三三年，一個危險的男人在政界熬出頭，當上德國總理，他就是阿道夫．希特勒。

最初幾年，希特勒大力提升經濟、促進發展，德國失業率大幅下降，人民的收入有所上升，大家覺得希特勒簡直就是天使。

多虧元首政策好，擦皮鞋也能填飽肚子了！
德意志精擦皮鞋
德穿家康
德意志灌湯包

但是人們猜錯了，這只是暴風雨前的寧靜。一九三九年，希特勒發動閃電戰突襲波蘭，挑起了第二次世界大戰。

這位客倌，我這裡不擦坦克哦！
擦你個大頭鬼！
跟著元首復仇去！
德意志精

二戰時的德國比一戰時凶猛多了，幾天就除掉波蘭、比利時，法國也只撐了一個多月就向希特勒投降。

當初簽條約你不是叫得很爽嗎？
你以為舉白旗我就不打你了嗎？

得勢不饒人的德國又拿蘇聯開刀，勢如破竹地攻占了蘇聯大半領土，局勢危急萬分。

但最後德國氣數已盡，因為盟軍看準德國戰線太長的這一突破口，在德國疲於管理龐大領土的時候，盟軍開始組織反攻。
於是德國再次戰敗，希特勒也在最後時刻選擇自殺

二戰後，德國被分割為英、法、美控制的西德和蘇聯控制的東德，中間還用柏林圍牆隔開。

琳達，等牆倒了，我就娶妳！
柏林圍牆
嗯，我等你！

直到一九九〇年，美、蘇、英、法四國才宣布放棄占領，西德、東德合二為一，曲折的德國歷史才終於告一段落。

終於等到你。

東西德統一之後，故事貌似結束了？

其實才剛開始！
三分鐘

因為長期實行不一樣的制度，東、西德不管是錢包，還是人的觀念、性格，都已經有了很大的不同。

你們是誰啊？
是我們呀！大舅子，柏林圍牆一倒，我們來投靠你了！
我妹妹早在東德死了，還想騙我錢！別跑！
哇，老婆，妳哥怎麼那麼暴力？

為了幫東德過上好生活，政府每年都從西德老百姓那裡收一大筆錢給東德，從統一到二〇〇九年，總共是一．六萬億歐元。

都是一家人，要相親相愛！

而東德人又不怎麼勤勞，德國三分之二的無業遊民都在那邊，全指望西德人餵奶，去過德國的人都知道，西德人一提到東德總帶點鄙視的眼光。
那個就是你在東德的親戚呀？
停！我才沒有這種
好吃懶做的親戚！

看得見的柏林圍牆倒了，看不見的牆還立著，德國的「統一」之路還長著呢！
德國篇・完

不是這堵牆

[redacted]

# 8 波蘭 Poland

滴水之恩當湧泉相報，這是中國幾千年來的傳統。
賢弟，我進京趕考這段日子，嫂子多虧有你好生照料啊！
哥哥客氣了，這頂狀元帽不錯，告辭！

如果是冒著生命危險跑過來幫忙保家衛國的人，更加應該感謝。
比如抗日戰爭時期，由美軍飛行員組成的飛虎隊，就到中國來助陣。
飛虎隊滅掉了不少日軍，但也有一些成員在中國長眠。
中國替他們建立很多紀念碑，偶爾還會請在世的飛行員來作客。
來，幫你和戰友拍一張！

中國人確實懂得感恩，但世界上有些國家……看起來就比較「忘恩負義」了。
比方說中歐國家波蘭。
三分鐘

早就看你不順眼了！

波蘭政府宣布要拆掉境內的二百三十座蘇聯紅軍紀念碑。
而第二次世界大戰時，正是蘇聯紅軍幫波蘭打跑德國侵略者。

要知道蘇聯在第二次世界大戰中損失了八百七十萬名士兵，其中很大一部分並不是倒在自己的國土上，而是為了解放別國而死。

當年他們把德國人趕出家園後，繼續向西前進，把東歐、中歐很多國家從德國手裡拯救出來，其中就包括波蘭。

你……你們解放了……

既然蘇軍解救了波蘭，
那……波蘭人為什麼要拆
他們的紀念碑呢？
真的是想當背骨小人嗎？
難道你的良心
不會痛嗎？
雷雷倒覺得，波蘭人可能
是單純認為蘇軍出手相救
雖然仗義，但歷史上老毛
子欺負波蘭太多，根本抵
銷不了欠帳。
翻翻這舊帳，你還有什麼好說的？
豁出命救你都不能抵
銷……
究竟有多大仇呢？
這就得從波蘭的歷史說起了。
三分鐘

相傳在很久以前，西歐有個很文藝的土著，名字叫萊赫，他帶著一家老小往東邊漫遊。

人生不只眼前的苟且！
還有詩和遠方！
……%……%＃￥

走到中歐的波蘭時，萊赫看見夕陽下幾隻白鳥在高飛。他捨不得這美景，就和家人留了下來，繁衍出了波蘭人。

噢！我的小可愛！花花給你戴！

故事雖然聽起來很浪漫，但這就是個波蘭民間傳說。
波蘭人之所以要編故事，是因為在西元十世紀之前的歷史，全都沒有文字記載。

快！天橋底下說書的怎麼說，你就怎麼寫！

波蘭在幾千年時間裡，一直處於土著部落亂鬥的狀態。
直到西元九六〇年，一個叫梅什科一世的傢伙才統一整個波蘭。

今天要讓你們知道誰才是真正的土著之王！

幾乎在同一時間，西歐的一群修道士為宣傳基督教而來到了波蘭，順手帶了些教科書過來，波蘭人這才開始融入西方文明圈。

GOOD JOB！
智慧+1
智慧+1

雖然說波蘭開始成長了，但起步還是太晚，實力無法和歐洲那些強國相提並論。

萬一強國們打過來怎麼辦？
三分鐘

為防止被強國消滅，波蘭和隔壁的立陶宛結成夫婦，史稱「波立聯邦」。

小波波，這套眉來眼去
劍法練得人家好累喲！
小陶和波波的家
哎呀小陶，昨晚那個乾柴
烈火棍法我更累好嗎？

沒想到夫妻間產生化學反應，突然變成很能打的神鵰俠侶。
他們數次擊敗入侵的強敵，守住了自己的家門。

單身狗
親親嘛！
MUA！
打不過！打不過！

趕走外敵後就可以好好耕種了，波蘭在老婆立陶宛的鼓勵下，沒日沒夜地工作，終於把自產的糧食賣到歐洲各地。

老公加油！快一點！
哎呀！快一點！好棒好棒！

正好歐洲其他國家鬧傳染病，種地的人死光了，波蘭的糧食都賣出好價錢，瞬間變成一流富國，開始步入黃金時代。

發財了！發財了！

這對小夫妻過上好日子後，野心飛快膨脹，某天閒著沒事幹，就決定去調戲一下隔壁的俄國。

大傻個兒，你看這是幾啊！
—……—啊
哈哈哈哈！你知道的太多啦！老婆扁他！

當時的俄國還不算強，被神鵰俠侶一頓毒打，丟掉了大片地盤，連莫斯科都被占了。
這事對於波蘭來說是很榮耀的，但也因此和俄國人結下梁子。

君子報仇，十年不晚！
記仇本

這天小夫妻又閒閒沒事，決定走在時代尖端，開始推行民主制度，國家大事由所有貴族投票決定。

我覺得不行！
我覺得OK！
我覺得很普通！
你們這樣其實有失公正！

我們現在說的民主原則，一般是少數服從多數，而波立聯邦的制度就比較奇葩了……

只要一個人反對，事情就辦不成！
三分鐘

因為這種制度，波立聯邦的辦事效率奇低，可能別人生意都做完了，貴族們還在討論糧食怎麼定價。波蘭自此開始走向衰弱。

第九九八次討論
算了算了，先記下來……

但俄國可是一直等著這天呢！
一七七二年八月初，俄國聯合奧地利和德國一起進攻波立聯邦，準備一雪前恥。
而神鵰俠侶的武功早已不復當年，瞬間丟了三分之一的人口和土地。
當年他倆打過俄國，現在被俄國打，這筆帳應該算抵銷了……
但俄國人不這麼想！
三分鐘
一七九三年和一七九五年，俄國又聯合德國和奧地利攻占整個波蘭，把波蘭當作一塊肥肉分著吃，這就是歐洲史上非常有名的三次瓜分波蘭。
唔……唔唔……

此後的一百二十三年裡，歐洲地圖上都是沒有波蘭這個國家的。
直到第一次世界大戰結束，德國和奧地利戰敗，俄國也發生革命，變成新生的蘇聯，他們才把吞併的波蘭給吐出來，波蘭才重新出現在地圖上。

去吧，你自由了！

不過波蘭卻沒有就此消停，他們前腳重新建國，後腳就派兵找蘇聯報仇。

真是拚命找死！
三分鐘

波蘭在東邊和蘇聯打得火熱，卻忘了西邊還有個德國。
以希特勒為首的納粹黨正在瘋狂招兵買馬，準備占領整個歐洲。
一九三九年九月德國大軍突襲波蘭，第二次世界大戰全面爆發。
由於裝備和戰術都比不過德軍，波蘭人節節敗退。

都是渣渣！

此時一個更絕望的消息傳來，蘇聯也在落井下石，從東邊攻進波蘭。腹背受敵的波蘭慘遭滅團，才剛剛復活的波蘭又亡國了。

給我回去待著！

亡國之後有多慘呢？希特勒的殘暴大家都知道，上來就屠殺了一萬多波蘭軍人。

蘇聯做為波蘭的老仇人，也沒好到哪去，蘇軍抓了很多波蘭軍人、知識分子，這些人都是波蘭的棟梁。
蘇聯為了削弱波蘭的實力，在一個叫卡廷森林的地方把他們都殺掉了。

一三五我埋，二四六你埋！
好！週日一起埋！

又是落井下石，又是大屠殺，就算後來蘇軍打跑了德軍，拯救了波蘭……

波蘭人心裡的恨也解不了！
三分鐘

波蘭境內建的那些蘇軍紀念碑，純粹是因為蘇軍解放波蘭後在這裡挾持了一個傀儡政府，什麼事情都要按蘇聯的意思辦。

波蘭政府
隨便造個二三〇個碑意思意思一下就行了！

二十世紀末蘇聯解體後，波蘭終於獲得自由，可以按照自己的意思處理紀念碑，但波蘭人多少還是對烈士心懷敬意，沒有立刻拆掉。

還是下不了手啊……

不過蘇聯的繼承者俄羅斯，對當年蘇軍屠殺波蘭人一事有點遮遮掩掩，只承認殺了幾千人，但波蘭認為受害者有幾萬人。

你塗掉的那個是什麼意思？
死亡人數
幾萬千人
寫錯字了而已！

你們的恩，我們已經報了！
既然你俄羅斯不仁，那就別怪我波蘭不義。
沒啥好說的了，上挖土機吧！
你們欠下的債是時候還了！

在我看來可能波蘭人有理！
說到這裡，大家應該都明白了，波蘭並不是真的忘恩負義，只是和俄羅斯有過太多糾葛，恩怨相抵之後還是怨比較多。
三分鐘

但俄羅斯人非常生氣，他們只知道自己的祖先為波蘭浴血奮戰，如今連個紀念碑都不能留下。
俄羅斯政府已經表達強烈抗議，俄、波關係基本上降到了冰點。
抗議
抗議
抗議
抗議

所以在可見的未來，這個冤冤相報的故事，還會一直續寫下去。
波蘭篇・完

波波再見

[redacted]

[redacted]

# 9 法國 France

說起法國，大家第一反應都是浪漫、優雅、寧靜和與世無爭的印象。
浪漫
優雅
寧靜

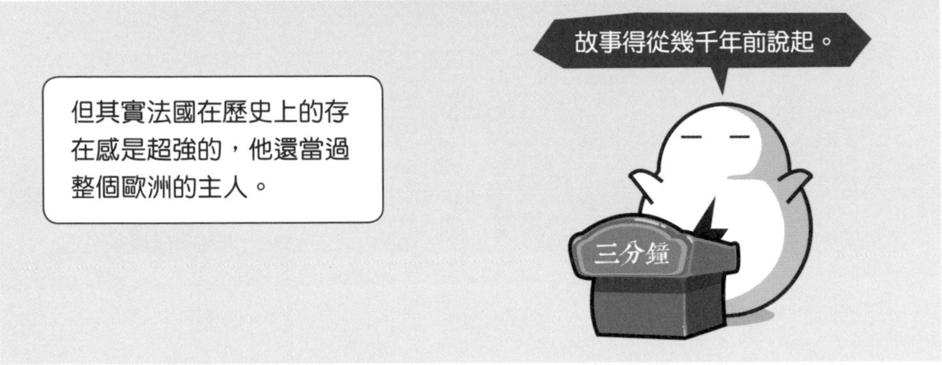
但其實法國在歷史上的存在感是超強的，他還當過整個歐洲的主人。
故事得從幾千年前說起。
三分鐘

最早居住在法國境內的是一群叫「凱爾特」的人，法國這片地方，以前被羅馬人叫做高盧。所以居住在這裡的凱爾特人，也被叫做高盧人。
喂，我是凱爾特人，聽清楚沒？
高盧
我管你什麼人，我就喜歡叫你高盧人，不服砍我呀！

他們早早就玩起鐵器，覺得自己的科技很先進，就操起鐵刀、鐵槍，去騷擾南方的羅馬人。

呔！落後的種族哪裡逃！

一開始高盧人壓著羅馬人打，後來卻被羅馬人反殺。西元前一世紀，羅馬帝國踏平高盧，統治並同化他們。

嘿嘿嘿，上當了吧！
哇！來陰的！
快放我出去！！！
我要砍死你！！！
你這人暴力傾向太強了，
在裡面接受我愛的感化吧！

羅馬人極大影響了法國人的祖先，他們在法國留下大量的羅馬建築。
法國許多著名城市，都是這個時期建立的，比如里昂、普羅旺斯。

就連法國人自豪的法語也源自羅馬。

快，用羅馬語叫爺爺，
不然今天別想吃飯！
叫爸爸！

西元三九五年，羅馬帝國壽終正寢，高盧這個地方瞬間沒人罩了，成了沒媽疼的孩子。

喂？今天是怎麼了？都傍晚了
怎麼還不對我進行愛的供養？

於是，北方的一個外族看準這個絕佳的機會，趁虛而入統一高盧，這些人叫做法蘭克人，他們在這裡建立法蘭克王國。

嗯？爺爺、奶奶、
爸爸到底去哪兒了？

從現在起，我法蘭克是你爸！

建立王國本來就不容易，但是他們偏偏有一個傳統，就是當爸的如果死了，財產和土地就要平分給兒子，這樣的話，國家根本無法統一啊！

報告大王！王后生了！
哦？生的是女兒呢？還是女兒呢？還是女兒呢？
回大王，是兒子！
又來一個要分我土地的，為了祖國統一，趕緊扔了！

每次統一後都要被瓜分，法蘭克王國就這樣分分合合了幾百年，因此法蘭克王國也一直沒有什麼大作為，直到查理曼大帝出現。
查理曼東征西討，不僅統一法蘭克王國，一不小心還順便占領了整個歐洲大陸。

這也是繼羅馬帝國之後，第二個大面積占領歐洲的帝國。
為表彰這樣的豐功偉業，後人用撲克牌中的紅桃K來紀念他。

沒想到吧！

不過按照他們的傳統，查理曼大帝去世後，龐大的法蘭克帝國又將被查理曼的三個孫子瓜分⋯⋯
為什麼是孫子來瓜分土地呢？
三分鐘

因為查理曼大帝的四個兒子，有兩個早死，一個想謀殺親爹被關進修道院。只有一個兒子繼承當然不會出現亂子啦！
我去世的哥哥們託夢給我，修道院要加強看守強度啊！
是！

就這樣，法蘭克王國再也沒有統一過，三個孫子也再沒有一起吃過團圓飯。一一九〇年，法國改名為「法蘭西」，法蘭克逐漸成為歷史。
法蘭~~克~~西
唔，這樣順眼多了！

法蘭西的國王一代接一代傳承下去，本來天下太平，偏偏有一個國王生不出兒子，王位就由堂弟繼承。

皇兄為何鬱鬱寡歡？
唉，一直生不出兒子，這皇位怎麼傳啊！
簡單啊，把嫂子傳給我，或者把皇位傳給我！

這讓當時的英格蘭國王非常不爽，因為他是這個生不出兒子國王的外甥，血緣更加親近。

明明我更親，皇位沒給我，嫂子也沒給我，好恨啊！

於是，英王和法王就因為繼承權的事打起來了。
這一打就是一百多年，期間都換了好幾個國王，這就是著名的英法百年戰爭。

整體來說，英格蘭比較厲害，打得法蘭西節節敗退，英格蘭接手了法蘭西大片的土地。而法國反敗為勝的關鍵人物，就是赫赫有名的聖女貞德。在她的鼓舞下，法國士兵士氣大漲，最終把英格蘭軍隊趕回小島。

百年戰爭後，法蘭西國力空虛，十七世紀，有一個著名的國王把法國帶上了新的巔峰，他就是路易十四。

路易十四在位七十二年，比中國在位最久的皇帝康熙還多十一年。路易十四統治期間，法語變成當時歐洲最潮的語言。據說那時遠在東北的俄羅斯，上層貴族說法語的人都要比說俄語的多。

王位傳到路易十六的時候，剛好美國鬧獨立。美國當時是英國的殖民地，之前和英國打了一百年的法國，當然站在美國這邊啦！

放心搥他，打不過我幫你！

於是路易十六大力支持美國獨立，一不小心就掏空國庫，還欠下了幾十億國債。

還錢，還錢！
還錢！！
還錢，還錢！
這下玩大了……

加上法國遇上旱災，前任國王也留下很多爛攤子，各種霉運都撞在一起，老百姓決定推翻國王。

於是路易十六悲催地被送上斷頭臺，這就是使法國踏上追求民主道路的法國大革命。

但是革命爆發後的法國卻亂成一鍋粥，國內沒有強而有力的統治者，國家政策老是變來變去。

新法案就這麼定了，趕緊去辦！
回來回來！我改變主意了！
算了算了，還是按剛才說的辦吧！
滾！不會當官就讓我來！

同時，其他國家的君主害怕革命也燒到自己家門口，就組織反法同盟向法國開戰。

哎，聽說路易十六被
自己的子民做掉了！
對啊，說不定哪天把我們的良民都帶壞了，
我們還是先下手為強，組織個反法聯盟！
好，殺掉革命者，
造福全人類！
乾杯！
乾杯！

國家無能，還得面對聯手來襲的外敵，法國老百姓的生活苦不堪言，他們急需一個救世主。

再鋸九十九塊木頭就可
以買法式小麵包了！
去死吧，法國刁民！
我招誰惹誰了？
很好，反法同盟旗開得勝！

內外交困之中，炮兵學院科班出生的拿破崙·波拿巴收拾了這個爛攤子，成為民族英雄。拿破崙不僅捍衛法國大革命的成果，建立一個法治國家。
他的野心也不小，還想要建立一個統一的歐洲帝國。

拿破崙·波拿巴

指到哪，打到哪！

在拿破崙的帶領下，法國再次開疆拓土。
在拿破崙的鼎盛時期，歐洲各國除了英國和俄國，基本上都向他臣服或與之結盟，拿破崙的名字，傳到了歐洲每一個角落。

但是拿破崙在攻打「戰鬥民族」俄羅斯的時候吃了敗仗，凍得一把鼻涕、一把眼淚，只能撤兵退回巴黎，這是他人生的轉折點。

反法聯盟看準機會反撲，推翻了拿破崙的統治，還把他流放到荒島，結束拿破崙霸道皇帝的一生。

放我出去！

之後的法國還有人想當皇帝，但最終還是被更民主的共和國取代。
雖然法國終於變得民主了，但在軍事上卻再也硬不起來。

第一次世界大戰，法國雖然是戰勝國，但是損失慘重，殺敵一千自損八百。

二戰更是法國的奇恥大辱，六個星期就被德國打殘了，法國國土全部淪陷。
好在盟軍夠力，最後打敗法西斯，否則這一代法國人民都不知如何面對列祖列宗。

小法法，這是你的吧，快拿回去吧！

憑藉幾千年的累積和幾代統治者的努力，法國在二戰後還是保持快速的發展，沒有丟掉大國的位子。

必勝
我絕不會讓恥辱重演！

但是想起查理曼帝國，想起拿破崙帝國，曾經的歐洲主人混成現在這樣，應該算是不及格吧！

放我出去！

法國篇・完

放我出去

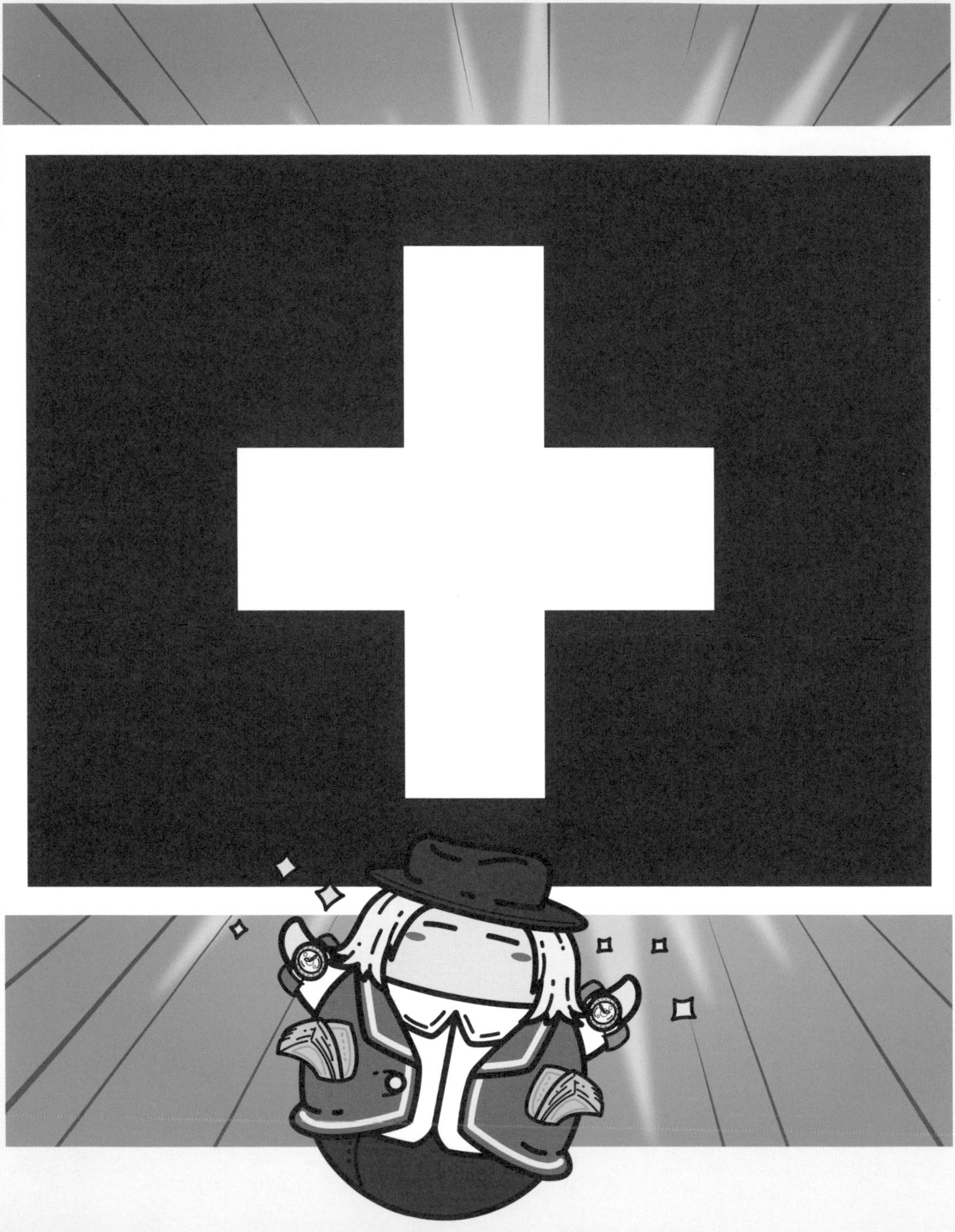

# 10 瑞士 Switzerland

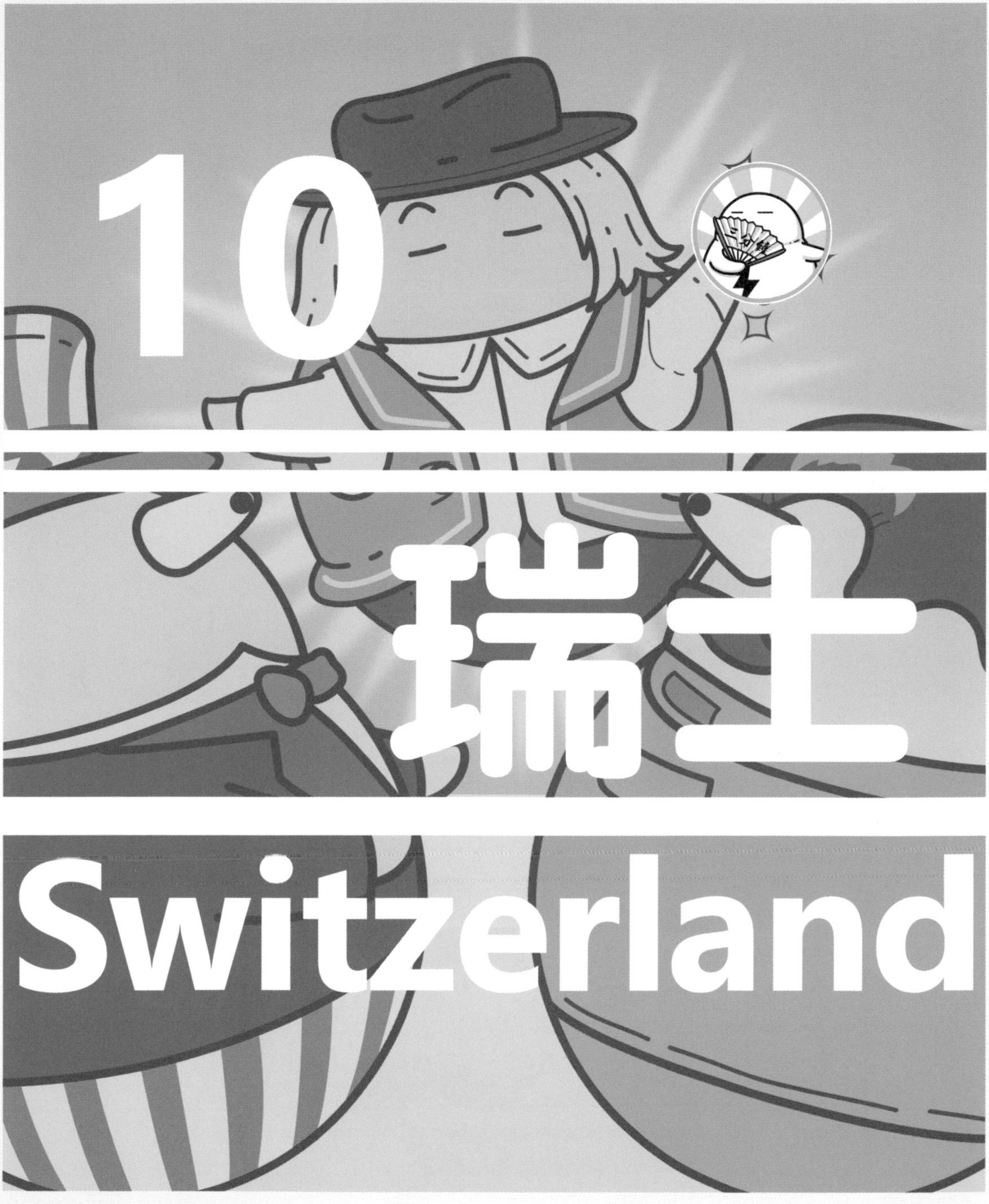

二戰剛開始的那段時間，納粹的軍隊在歐洲是神擋殺神，佛擋殺佛，很多國家都淪陷了，元首本人也常常炫耀說——
其實我也很普通，就是把整個歐洲踩在腳下而已！
歐洲

但實際上，在義大利和德國這兩個侵略者的夾縫裡，還有一個彈丸小國——瑞士，沒有被插上納粹的旗幟。
臭腳拿開，這裡不是你該站的地方！
歐洲

要知道，號稱歐洲第一強國的法國，在納粹的鐵蹄下，也只撐一個多月就投降亡國了。
別打臉、別打臉，我投降！
我只是想和你打個招呼而已。

瑞士還沒有法國的十分之一大，為什麼能安然活在納粹的眼皮子底下呢？想要搞明白瑞士的堅挺不倒之術——
還得從瑞士的歷史說起！
三分鐘

俗話說一方水土養一方人，阿爾卑斯山脈占瑞士的三分之二，這就意味著瑞士不可能靠耕種發家致富。
愚公，能不能麻煩您把我家的山也搬一搬？

但是，翻越阿爾卑斯山的道路，出口基本上都在瑞士。
不好意思，借過一下！借過一下！
我好像嗅到商機的味道！

要到山的另一端做生意的商人都得在瑞士歇腳，於是瑞士地區逐漸變成繁榮富裕的商業中心。

老闆，這是昨晚的過夜費！
瑞士大酒店

但做為一個交通要衝，瑞士自古以來都是兵家必爭之地，羅馬人、蠻族都先後占領過。

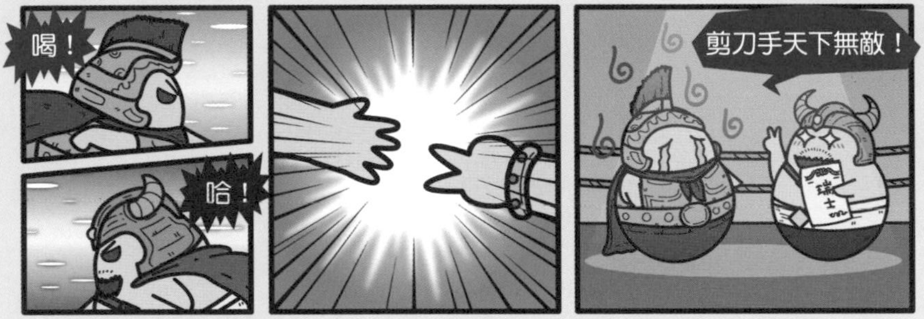
喝！
哈！
剪刀手天下無敵！
瑞士

千百年來，誰打仗比較強，瑞士這塊地就歸誰管。但不管誰掌權，阿爾卑斯山路還在這，所以瑞士的小生意是照做不誤。

來來來！打累了，大家吃碗麵再繼續！

後來有一天，統治瑞士的國王家道中落，一些瑞士人就覺得擺脫外人控制的機會來了。
他們祕密結盟發動獨立，這個同盟就是瑞士做為國家的雛型。
簽訂契約的八月一日，也被瑞士人當作國慶日。

嗯！國慶日就訂在這天了！
八月
1

後面的劇情，基本上就是《海賊王》的套路。這個同盟一邊對付歐洲各路豪強、土匪，捍衛自己的家園，一邊吸收新的成員簽約入團。

你也被欺負了？加入我們吧！
啪
嘣
嘣

幾百年之後，同盟隨著周圍地區的加入而不斷壯大，差不多就變成今天瑞士的樣子。
組成瑞士的這些州，有講德語、法語，也有講義大利語的。
這也就是為什麼瑞士如今有N種官方語言的原因。

Hello
Buong ionro

像其他國家一樣，瑞士也在不斷摸索適合自己的生存之道。
哦！原來要這樣！

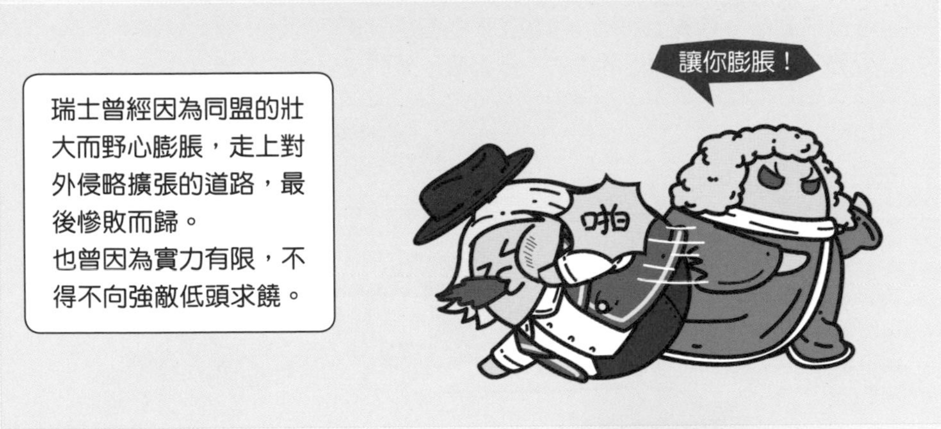
瑞士曾經因為同盟的壯大而野心膨脹，走上對外侵略擴張的道路，最後慘敗而歸。
也曾因為實力有限，不得不向強敵低頭求饒。
讓你膨脹！
啪

這麼多事情下來，瑞士也成長不少。
知道歐洲還是高手如雲，為了避免再次捲入戰火瞎折騰，瑞士宣布永久中立。
再也不打架了！

由於瑞士地處法國、奧地利、義大利這些強國的中間，他們都擔心瑞士會和對方結盟，成為進攻自己的跳板。

你胳膊肘子稍微拐一下試試？

如果瑞士答應只做個圍觀群眾，這個後顧之憂就消除了，所以列強爽快地承認瑞士的中立。

這還差不多！
中立

省下打仗的功夫，瑞士有大把大把的精力可以用在建設上。除了繼續發展傳統的商業，瑞士還高調進軍金融業，開設很多銀行。

Bank
在這人心冷漠的世界，只有金錢能帶給我溫暖。

工業革命開始後，瑞士也馬上趕時髦，把鐵路、工廠全都建設起來，搖身一變成為工業強國。

以後去廁所就可以坐火車了！

戰爭中跑過來避難的外國人，也給瑞士帶來很多新鮮技術，比如義大利工匠就把精湛的鐘錶手藝傳給了瑞士。

兄弟，讓我進你家躲躲吧！

憑藉著「悶聲發大財」的精神，瑞士不僅躲過歐洲的一場場浩劫。

還賺下了豐厚的家底。
三分鐘

到了二戰爆發時，瑞士還以為這次又能靠著「中立」隔岸觀火。
最喜歡看狗咬狗了！
啪
嘣
嘣

但歐洲國家一個個陷落，連同宣布中立的挪威也不能倖免，很快希特勒就在瑞士邊境布下重兵，這下瑞士就有點慌了。
嗯？
啪
嘣
嘣
你倒是說說老子是什麼品種啊！

面對來勢洶洶的德國軍隊，瑞士軍隊的總司令把所有能動彈的男人都拉去充軍，擺出拚老命的架式。
瑞士第一輪椅連上啊！！

自古以來妨礙瑞士人耕種的阿爾卑斯山，此刻也成為守護神，瑞士人在山上深挖洞、廣積糧，準備在德軍攻來時，躲進山裡打游擊戰。

有種你過來啊！

總之，瑞士人就是想告訴希特勒，狗急也會跳牆。但是除了齜牙，瑞士也沒少對納粹搖尾巴。

看這裡！看這裡！
只為你搖擺！
夠了夠了！我明白你的心意了！

瑞士除了答應向德國提供一大筆貸款，還開放連接德國和義大利兩個法西斯國家的道路。

德哥！
義弟！
多麼感人的一幕啊！

此外，瑞士還盡顯中立NPC的耿直本質，迷路跑進瑞士的飛機、士兵，不管是德軍的還是盟軍的，統統都擊落、拘留，絕對不偏心。

元首！看！我打爆
一架盟軍的飛機！
幹得漂亮！
還有一架你的飛機！

希特勒權衡利弊之後……
覺得瑞士既聽話又耿直，真的沒必要花那麼多人命去揍他，還不如把力氣用在打蘇聯和英國這些硬骨頭上比較划算。

好好看家吧！
我去找幾根大骨頭！
汪汪！

於是入侵計畫不了了之，瑞士有驚無險地度過二戰，家當卻一點都沒少。

成為二戰的一個奇觀。
三分鐘

戰後，瑞士繼續中立之道，冷戰啊、軍備競賽啊，瑞士統統不參與，就埋頭賺錢！

兩位老哥
買錶嗎？

悉心經營幾十年後，如今瑞士已經成為富裕、安全的代名詞，是世界上最有影響力的國家之一。

人生贏家

因為瑞士的中立國地位，很多國際組織都把總部設在這裡。
比如世界貿易組織、世界衛生組織、國際足球總會等……

想去哪，跟我說，
我和他們很熟的！
世界貿易組織
國際足球總會
世界衛生組織

風景秀麗的阿爾卑斯山，也成為世界級景點，吸引無數遊客來觀光度假。
歡迎來到阿爾卑斯山！

憑藉著一直傳承沒有被戰火破壞的工業底子，「瑞士製造」也風靡全世界。
瑞士商城
給我來一只勞力士！
我要瑞士軍刀！

除了以上這些……
「有錢」也是瑞士國際地位高的重要原因。
按照二〇一一年的數據，瑞士是世界上人均財富最多的國家。
太有錢也是一種寂寞啊！
人均財富

然而這些錢並不全是瑞士人的家產，瑞士銀行裡的錢，大約有三分之一都是外國人的存款。
瑞士銀行
外國存款
外國存款
其他
知道了知道了……
別提了好嗎……

對於瑞士人來說，嘴上說的和平都是虛的，外國人存在這裡的錢，才是他們這個小國保平安的護身符。大家想想看，如果換作是你，會在自己家的保險櫃裡打仗放火嗎？
來啊，來打我啊！
瑞士篇・完

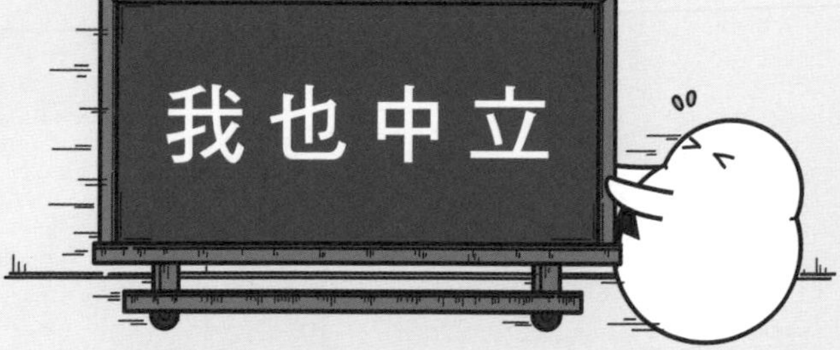
我也中立

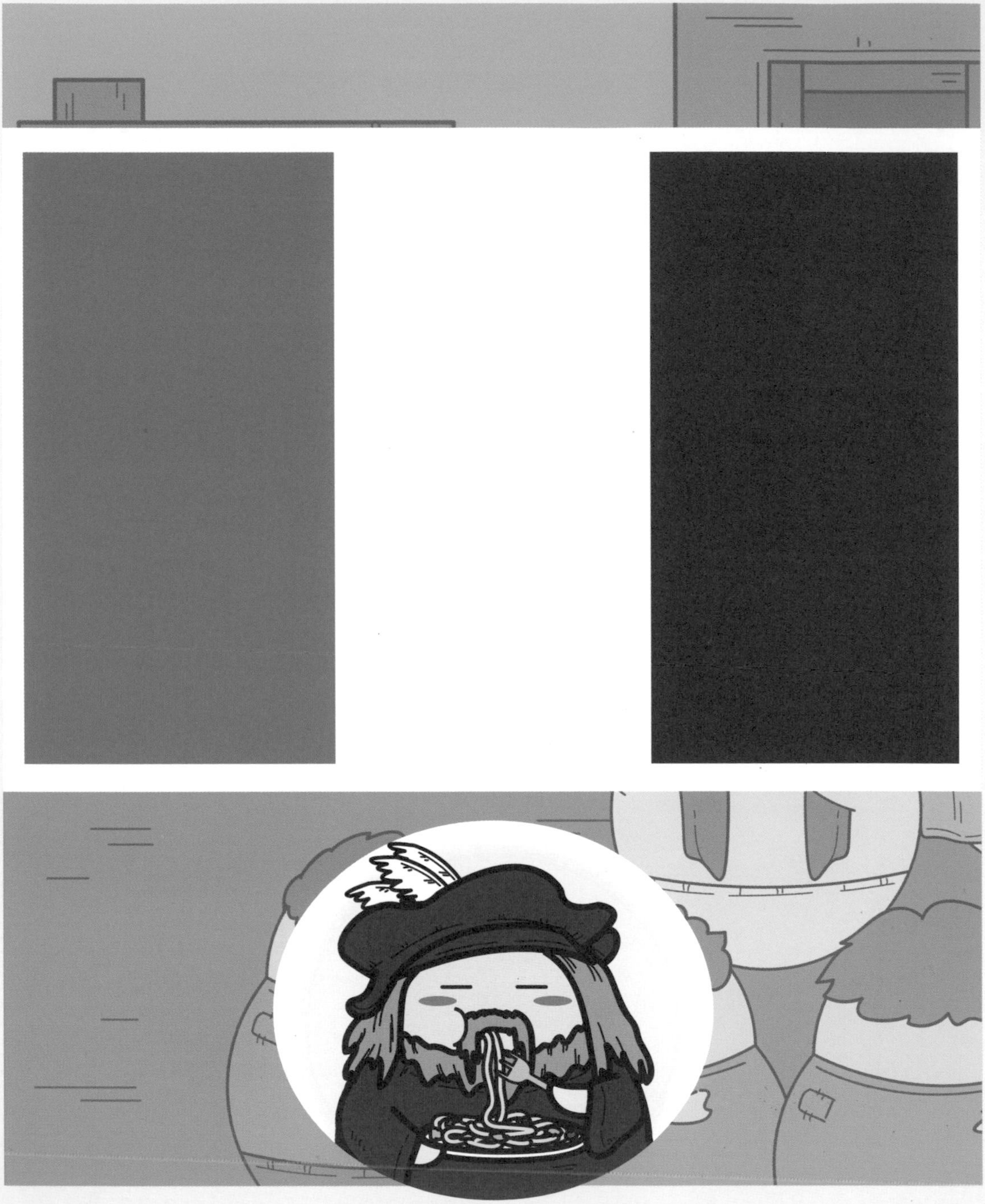

# 11

# 義大利

# Italy

我們都知道，義大利是出了名的已開發國家，跑車、足球、名牌商品等各行各業好像都非常厲害。

義大利展臺

羅馬的城市講起！
三分鐘

但他們在歷史上卻有些無顏面對祖先。

這事啊，還得從一個叫……

羅馬是義大利的首都，但是幾千年前，那裡還是一片鳥不拉屎的荒地。

孩子，記住，一定不能在羅馬拉屎，不然會被其他鳥類嘲笑！
羅馬

根據羅馬神話記載，戰神瑪爾斯和一個凡人在這片荒地搞在一起，還生下兩個孩子。但是大人玩夠了，卻把兩個小孩丟棄。

換個沒有小孩哭聲的地方再戰！

一隻路過的狼母性大發，讓兩個孤兒吸自己的奶水，才保住他們的性命。

我好像聞到小鮮肉的味道！
啊！
抓住了！弟弟快吸！
別吸啦！我是公狼啊！

後來兩兄弟長大成人，推翻他們那裡的一個國王，然後用哥哥的名字建立一座新城，這座城就叫羅馬，這時是西元前七五三年。

嗷嗚！！
羅馬

在那個靠天吃飯的年代，最黃金的中心商業區，莫過於適合耕種的平原和方便灌溉的河邊，而這兩樣被羅馬占滿了。

鋤禾日當午，
汗滴禾下土。

羅馬有了一個好開局，後來的羅馬領導人，也沒有打爛這一手好牌，羅馬愈來愈大……

從一座城市變成一個國家。
三分鐘

羅馬是第一個占領大面積歐洲土地的國家，最鼎盛的時期，地中海都變成羅馬的私人游泳池。

老公，地中海太小了，我來回一天就游完了！
那本王就打下全世界，為妳承包整個大西洋！

現在你能說出名字的大部分歐洲國家，都曾經是羅馬帝國的領土。
英國人、法國人的祖先們都得跪在羅馬的凱撒大帝面前叫爺爺。
凱撒是為羅馬打下最多江山的軍事天才，撲克牌裡的方塊K就是凱撒大帝。

唔，還是我本人比較帥！

凱撒打下江山，他的外甥屋大維鞏固江山，並把羅馬改稱為羅馬帝國。
那個時候強大無敵的羅馬，幾乎就代表整個歐洲。

不過天下大勢合久必分，羅馬帝國也因為衰敗，變成東、西兩部分，義大利被分到了西羅馬帝國。

以後就是兩家人，
被人打了別找我！
你這麼囂張，
遲早有報應！
西羅馬帝國
東羅馬帝國

但西羅馬帝國外強中乾，領導人沒有繼承祖先的一點英勇精神，居然被來自北方的蠻族騷擾。

兄弟，救救我啊！
我要被蠻人砍死了！
大聲點，聽不見！

最後居然還被外族消滅，丟光了羅馬帝國的臉。

哎呀，盔甲還挺硬！
東羅馬

來來來，我的刀夠鋒利，拿去幫
我砍死這個丟羅馬臉的傢伙！
東羅馬

義大利因此不再統一，分裂成許多小國家，大家各自占地為王。

總之就是誰也不服誰！
三分鐘

群雄割據，戰火連天，老百姓的生活那叫一個苦啊！說不定一覺醒來，自己就睡在戰場中間。

老公別亂動，人家還睏呢！
誰亂動了啊，我都還沒睡醒呢！

啊！
啊！

不但國家之間天天打來打去，宗教也開始變得狂熱化。其實宗教不是壞東西，但是變味後的宗教是很可怕的！

如今天下局勢大亂，
我們的機會來了！

殺！
殺！
殺！
殺！

主宰義大利的是基督教，他們敵視一切不符合《聖經》價值觀的東西，到處迫害「異教徒」。
他們發明各式各樣的刑具，殘忍、血腥到沒辦法觀看。

他養的豬在婚前發生性行為，
這嚴重違背了我教的教義！

整個社會黑暗無比，人民生活看不到希望。
不僅義大利，整個歐洲差不多都這樣，被稱為「黑暗的中世紀」。

老公，我們的寶寶
終於出世了！
太好啦，今天不小心多挖了一個坑，
明天我們剛好能全家一起埋了。

黑暗持續了一千多年，曙光終於在義大利出現。
一群智商領先社會幾千年的天才終於誕生。
十四世紀開始，他們創造各式各樣的藝術品，洗滌人們的心靈，要大家對生活充滿希望，這就是所謂的「文藝復興」。

不過文藝復興是菁英階層的遊戲，老百姓的生活該多苦就多苦。文藝復興只是先讓有錢人恢復對生活的熱情。

哎，生活好黑暗、
好寂寞、好空虛！
老爺！達文西的最新
作品幫您帶來了！
快！快！讓我的心靈
接受大師的洗滌！
好勵志呀！我的熱情都被點燃了！

葡萄牙人和西班牙人的熱情就是開船，開創大航海時代；波蘭人的熱情是玩科學，證明「地球是繞著太陽轉」。

科學是第一生產力

至於義大利這個文藝復興的發源地，由於國家沒有統一，思想再解放也沒什麼用。

看了這幅畫，我感覺我的思想得到了空前的解放！
你個俘虜連肉體都沒解放，還學人家解放思想？

所以文藝復興相當於是義大利給全歐洲做了嫁衣，讓其他國家走向崛起。更奇恥大辱的是，義大利這個老大哥後來又分別被西班牙和法國這些後輩統治過一段時間。

你們都不敬老尊賢的嗎？

後來實在是受夠分裂的折磨。
於是在一八七一年，經歷多年奮鬥的義大利終於獲得寶貴的統一，成立義大利王國。

但是分裂太久，不但同胞之間忘記怎麼相愛，而且義大利的經濟在歐洲已經算比較落後的了，很多人被迫離開義大利謀生。

國家人均收入低，就是你們這些垃圾在扯後腿！
下去給國家做貢獻吧！

政府乾脆順水推舟，派這些人辦起殖民地，把自己國家的發展建立在殖民地的痛苦之上。

哭什麼哭，你窮就去偷、去搶啊！

當義大利人想這樣慢慢恢復羅馬帝國強盛的時候，第一次世界大戰開打了，對於意圖擴張的義大利來說，這可是搶領土的好機會啊！

一戰都開打了，你們也
快點給我滾去搶領土！

義大利一開始和德國站在一起，勾肩搭背好兄弟，約好一起瓜分打下的江山，可是後來義大利發現對面的英、法、俄同盟好像更有實力一點……於是果斷背叛兄弟，狠狠坑了德國一把。

你打的天下，有我的一半！
好！
算了，不要了！

二戰時的義大利，就更令人無言了。
不過也是德國自己不長記性，又拉義大利當盟友，

簡直就是挖洞給自己跳！
三分鐘

比如二戰一開始，德國迅速就打哭法國，德國戰車都開到巴黎，這時候義大利說——

放著，我來！

義大利就是看法國大勢已去，想要趁機撈一筆，結果被法國打得潰不成軍，還好德國迅速全面占領法國，才救了義大利一命。

德德救我！

然後估計義大利自己都覺得很丟臉，想要打下希臘，證明自己還是很強的……

希臘受死吧！

結果八萬人的義大利大軍被希臘的三萬人打得屁滾尿流，又被德國火速趕來才得以續命。

德德再救我一次！

爛泥不僅扶不上牆，還自己往下滑，後來義大利投降，還反過來對德國宣戰，不知道希特勒是什麼心情……

來自元首的憤怒
以後別和我提義大利！包括麵條！！

二戰之後，義大利交出以前所有的殖民地，並改名為義大利共和國。

變成今天我們看到的義大利！
三分鐘

今天的義大利，早就不像祖先羅馬人那樣英勇好戰，反而是全歐洲最會享受生活的人。
義大利米蘭是時尚之都，有最優秀的時裝和最美麗的模特兒。

怎麼樣，衣服還合身吧？
嗯，感覺自己現在充滿文藝氣息！

義大利威尼斯是世界上獨一無二的水城，也是最著名的旅遊城市之一。整個義大利更是擁有最多文化遺產的國家之一。

義大利人彷彿在說：「打架有什麼意思？享受生活才是最重要的！」
說不定哪天就成為最後的晚餐，多吃一頓是一頓吶！
義大利篇・完

義大利麵篇

Fun 系列 051

**國家是怎樣煉成的：**
**三分鐘看懂漫畫世界史【歐洲篇】**

---

作　　者——賽雷
主　　編——邱憶伶
責任編輯——陳映儒
行銷企畫——詹濡毓
封面設計——李莉君
內頁設計——黃雅藍

編輯顧問——李采洪
董 事 長——趙政岷
出 版 者——時報文化出版企業股份有限公司
108019臺北市和平西路三段240號3樓
發行專線——（02）2306-6842
讀者服務專線——0800-231-705‧（02）2304-7103
讀者服務傳真——（02）2304-6858
郵撥——19344724時報文化出版公司
信箱——10899臺北華江橋郵局第99信箱
時報悅讀網——http://www.readingtimes.com.tw
電子郵件信箱——newstudy@readingtimes.com.tw
時報出版愛讀者粉絲團——https://www.facebook.com/readingtimes.2
法律顧問——理律法律事務所　陳長文律師、李念祖律師
印　　刷——富盛印刷有限公司
初版一刷——2018年12月14日
初版五刷——2022年6月22日
定　　價——新臺幣320元（缺頁或破損的書，請寄回更換）

時報文化出版公司成立於1975年，
並於1999年股票上櫃公開發行，於2008年脫離中時集團非屬旺中，
以「尊重智慧與創意的文化事業」為信念。

國家是怎樣煉成的 : 三分鐘看懂漫畫世界史 . 歐洲篇 / 賽雷作 . -- 初版 . -- 臺北市 : 時報文化 , 2018.12
208 面 ;17×21 公分 . --（FUN ; 51）
ISBN 978-957-13-7631-8（平裝）

1. 世界史　2. 漫畫

711　　107020941



ISBN 978-957-13-7631-8
Printed in Taiwan